ENFANTS DU CIEL

MICHEL CASSÉ
EDGAR MORIN

ENFANTS DU CIEL

entre vide, lumière, matière

Odile
Jacob

© Odile Jacob, avril 2003
15, rue Soufflot, 75005 Paris

www.odilejacob.fr

ISBN : 978-2-7381-1292-7

PRÉFACE

Depuis l'Antiquité, les sociétés humaines ont élaboré des conceptions de l'univers au sein duquel chacune s'inscrivait. Ces sociétés ont modelé leur organisation sur l'ordre cosmique : leurs calendriers se sont fixés sur les cycles de l'ensoleillement et ceux de la lunaison ; les solstices ont suscité de grandes fêtes de régénération communautaire. Les mythes et les religions ont transfiguré les étoiles et planètes en dieux et déesses. Le Soleil et la Lune furent incarnés et personnifiés en figures divines, Isis, Ishtar, Astarté, Selênê, Phébus, Apollon et les humains n'ont cessé de demander à leurs divinités célestes aide et protection. Certaines sociétés ont ressenti une solidarité tellement mutuelle avec le cosmos qu'elles ont pratiqué des grands rites pour empêcher le Soleil de s'éteindre et ainsi le régénérer. Aussi les grands prêtres aztèques, sur le téocalli de Mexico, sacrifiaient-ils des centaines d'adolescents en leur arrachant le cœur.

Il est frappant que les civilisations les plus anciennes de l'Antiquité, la Chine, l'Égypte, la Chaldée, l'Assyrie aient développé corrélativement astronomie et astrologie. Aujourd'hui, dans les civilisations individualisées, l'astrologie se concentre sur le caractère et l'avenir de chacun, établis par horoscopes. Elle connaît même une forte renaissance, par-delà le public des médias, parmi les professions soumises à aléas (hommes politiques, acteurs de cinéma, hommes d'affaires). Mais autrefois, l'astrologie, inséparable de l'astronomie, établissait l'influence directe des planètes non seulement sur le destin des individus, mais aussi sur celui des sociétés.

Toutes les mythologies se sont ainsi penchées sur le mystère des origines de l'univers, et chacune a narré à sa façon l'événement primordial. Relevons, en dépit de la différence radicale que nous allons indiquer, la peu remarquée analogie entre le mythe grec et le mythe biblique des origines. Dans le mythe grec, *Chaos* est à l'origine de *Cosmos* ; *Chaos* est non pas le désordre, mais l'union indifférenciée et génésique des forces d'ordre, de désordre et d'organisation. Les premiers produits en sont des titans monstrueux, des déités terrifiantes jusqu'à ce qu'apparaisse la génération harmonieuse des dieux de l'Olympe au sein d'un cosmos qui a émergé hors du chaos. Il y a également dans la Genèse un état premier d'indistinction, de *tohu bohu,* une sorte de chaos informe ; mais, à la différence du mythe grec, le mythe biblique voit dans la sortie hors du chaos un acte de séparation, celle entre lumière et ténèbres. Le « que la lumière soit » est cet acte opéré par un Dieu unique et souverain qui va créer un monde. La conception actuelle d'une déflagration thermique, jaillissement de lumière à l'origine de l'univers, se différencie toutefois par l'absence d'un Dieu créateur. Nous verrons dans cet entretien que, plutôt qu'un Père de toutes choses, il y eut (et demeure) une matrice de toutes choses qui, comme dans la philosophie chinoise, serait le Vide. Nous rencontrerons ce mystère dans nos entretiens.

Ainsi, depuis les débuts de l'Histoire, l'esprit humain a été préoccupé, passionné, fasciné, enchanté, envoûté, troublé par le ciel étoilé. La société humaine a toujours cherché à s'inscrire dans le cosmos et à inscrire le cosmos en elle.

Mieux encore : les Chinois ont reconnu leur parenté cosmique en se reconnaissant fils du Ciel. Nous pouvons revendiquer cette appellation comme l'indique notre entretien.

L'aventure moderne a opéré une rupture radicale dans la relation *anthropo-cosmos*, du point de vue de l'individu comme du point de vue de la société. La révolution copernicienne et galiléenne n'a pas seulement détrôné la Terre humaine de la centralité cosmique ; elle a décidé de considérer Lune, Soleil et étoiles comme des entités matérielles. Le développement de l'astrophysique a totalement « désenchanté » les astres. Le Soleil n'est plus Dieu, mais moteur à explosion nucléaire ; la Lune n'est plus déesse, mais désert désolé criblé de cratères morts. Le ciel s'est vidé de tous ses mythes. Une distance infinie de millions d'années-lumière s'est dilatée entre nous et les étoiles. L'astrologie a été refoulée comme superstition à la fois par le christianisme et le rationalisme scientifique. Elle n'a pu reconquérir une place qu'au sein de la subjectivité individuelle, la seule place où lui soit reconnue quelque objectivité. La société ne s'est plus inscrite dans le cosmos et, à partir du XIXe siècle, elle s'en est arrachée pour entrer dans un devenir irrésistible qui lui promet la maîtrise du monde.

Mais déjà Pascal avait pu contempler le nouveau cosmos dans toute son effrayante étrangeté — « le silence éternel de ces espaces infinis m'effraie » —, s'émerveillant de la situation des humains perdus entre un infiniment grand et un infiniment petit qui leur sont totalement étrangers.

Au début du XXe siècle, la conception einsteinienne fit disparaître le cosmos comme Unité singulière au profit de l'espace-temps, vraie et seule réalité du monde physique, et l'univers était fixé à jamais dans l'immobilité. Mais il y eut à la fois renaissance du cosmos, lorsque, après Hubble, il apparut qu'il avait une histoire, tendait vers la dispersion, d'où l'idée du surgissement de sa singularité inouïe dans la déflagration du big-bang.

Simultanément, les sciences physiques du XXe siècle ruinent l'univers-machine, déterministe et parfait, qui fut leur dogme au siècle précédent. L'immobilité du ciel étoilé fait place à une folle diaspora de galaxies et d'étoiles. Puis, au sein de ce cosmos, surgissent les découvertes étranges, comme celle des trous noirs, et enfin, les plus étranges étant les ultimes, la découverte d'une matière noire et celle d'une énergie noire qui réduisent notre matière à seulement 4 % de l'univers.

Alors que nous sommes encore très mal sortis de l'univers de Ptolémée (puisque nous demeurons géocentriques : matin — le Soleil se lève — ; et soir — le Soleil se couche), alors que l'univers copernicien se retrouve hyper-provincialisé puisque le Soleil souverain du monde n'est plus qu'un petit astre de banlieue d'une galaxie elle-même périphérique, alors que nous devons même abandonner l'idée d'un centre du monde, nous voici catapultés dans un univers en débandade.

L'univers est en déroute dans sa diaspora accrue. Les ultimes nouvelles nous indiquent que nous sommes entrés dans l'ère finale de la diaspora, sans espoir de retour. Cet univers en déroute est aussi déroutant. Nous devons abandonner tous nos anciens concepts qui le rendaient intelligible. Nos catégories rationnelles de causalité, de localité, d'espace et de temps doivent être limitées, relativisées. Nos notions d'être et de non-être, de vide et de plein sont elles-mêmes relativisées. Notre univers porte en lui énigme (qu'on pourrait peut-être résoudre), mais aussi mystère (qui dépasse les possibilités de notre entendement). Nous nous rendons compte que notre esprit, en dépit de ses ruses et de ses audaces, ne peut vraiment appréhender l'étrangeté de notre univers.

Nous pourrions alors sombrer dans l'idée que le fossé est plus gigantesque, plus irréductible que jamais entre l'humain et le cosmos. Or l'astrophysique, qui révèle à nos esprits cette étrangeté de l'univers, nous révèle paradoxalement le lien ombilical indéchirable qui relie le cosmos à nos êtres ; nous apprenons que les particules constituant les atomes de nos organismes sont nées dans les premières secondes de l'univers ; nous apprenons que les atomes, dont sont formées les molécules et macromolécules de nos organismes, ont été forgés dans le cœur d'étoiles antérieures à notre Soleil ; nous apprenons que les premiers êtres vivants sur Terre sont constitués intégralement de ces particules, atomes, molécules. Et nous avons aussi appris que nos organismes polycellulaires se sont formés à partir d'associations primitives entre unicellulaires. En bref, nous sommes intégralement les enfants du cosmos et nous portons en microcosmes ce cosmos dans nos êtres. Notre Ici-bas est lié inséparablement à notre Au-delà. La Terre et le ciel ont la même identité physique. Et comme ce cosmos est devenu mystère, nous portons aussi son mystère dans nos êtres.

Notre cerveau s'est originairement développé pour répondre à nos problèmes pratiques et non pour comprendre l'univers dont il est issu ; mais il s'est aussi surdéveloppé pour s'interroger et essayer de comprendre. On ne s'étonnera donc pas que, dans ma quête continue d'un dialogue entre la science et la philosophie, j'aie désiré m'entretenir de ces questions, au plus profond, avec Michel Cassé qui sait traduire son métier d'astrophysicien, à la fois de chasseur de trous noirs et d'inspecteur de l'invisible, en une langue fulgurante de poésie. Ce livre ne fait d'ailleurs que parachever une longue amitié, nouée lors des rencontres d'été de l'Académie Beychevelle qui s'attachaient à retrouver l'esprit des symposiums antiques.

Depuis lors, et ici même, c'est bien autour de ces mystères, autour du paradoxe qui nous fait à la fois enfants du cosmos, orphelins du cosmos et étrangers au cosmos, qu'ont tourné nos entretiens. Merci à Laure Adler initiatrice de notre dialogue à France Culture, merci à Odile Jacob notre éditrice.

Edgar MORIN

1

LA RÉVÉLATION DU VIDE

Pour une pensée physicienne du monde

EDGAR MORIN — Qu'est-ce que l'univers ? En quoi est-il notre univers ? Il est le « nôtre » non pas seulement parce que nous nous y trouvons, qu'il constitue notre site, mais aussi parce qu'il nous a produits, que nous en sommes issus et qu'il ne cesse de nous interroger au point d'ailleurs qu'aucune société n'a pu se passer de le représenter. Ainsi, au cours de notre histoire, en Occident a d'abord prévalu une conception géocentrique où la Terre figurait au centre de l'univers, ce qui était conforme aux apparences, et conforme aussi à la Bible. Puis nous sommes passés, non sans difficultés, avec Tycho Brahe, Copernic, Kepler, à un autre univers, où cette fois le centre était le Soleil. Nous étions détrônés, mais nous gardions néanmoins une place parmi les fauteuils d'orchestre, ce qui n'était pas si mal. Enfin est arrivée une révolution encore plus radicale dans notre conception de l'univers, dont l'un des aspects est que ni le Soleil ni même la galaxie, la Voie lactée, ne sont au centre du monde, mais que, peut-être, le monde lui-même n'a plus de centre. Ce nouvel univers qui commence à apparaître, et qui même n'a pas totalement émergé, selon les découvertes de Hubble sur son expansion et sur la fuite des galaxies, c'est celui dans lequel nous devons nous installer, et qui constitue, cher Michel Cassé, le motif de notre dialogue.

MICHEL CASSÉ — Premier fil rouge en effet, l'astrophysique et la cosmologie, en tant que sciences, sont nées lorsque Galilée, en pointant sa lunette vers la Lune, a vu apparaître des montagnes. Jusque-là, dans la vision aristotélicienne et scolastique dominante, la Lune marquait la limite entre deux mondes. Au-dessus d'elle se tenait donc le monde « supralunaire » réputé éternel, incréé et qui n'était composé ni d'eau ni d'air, ni de terre ni de feu, mais d'une cinquième essence parfaite, idéale, immuable, constituant la quintessence. En revanche, sous la Lune, dans la sphère « sublunaire » centrée sur la Terre, régnait un régime de changement, marqué par la corruption, la décadence et la mort. Or, selon les propres termes de Galilée, la Lune s'avérait « terreuse ». C'était un tournant essentiel. Quitte, aujourd'hui, à inverser la proposition, je dirais que la Terre est aussi bien céleste. Désormais, dans le champ éclaté et complexe du savoir, il est en effet une science fondamentale de l'unité qui pose l'équation la plus simple du monde : Terre = ciel ; ce qui est là-bas est comme ce qui est ici ; ce qui n'est pas ici n'est nulle part. Aussi bien les atomes que les lois. Il y a unité de substances et unité de lois dans l'univers. La physique est par conséquent universelle. Et cette science fondamentale, vive comme la spéculation et pointue comme les technologies qui lui donnent ses ailes et ses armes, porte le nom de cosmologie. Elle répond à des interrogations ancestrales en faisant valoir les arguments de la physique la plus sophistiquée et la plus abstraite. Ce mariage du ciel et de la Terre dans la pensée humaine renoue les fils entre la pensée antique des philosophes présocratiques et la pensée quantique et relativiste des savants contemporains, il consacre la pensée physicienne du monde.

E. M. — La pensée de la physis d'Empédocle et celle d'Héraclite se révèlent en effet, rétrospectivement, plus riches que la doctrine platonicienne des essences ou le système aristotélicien des causes. Elles n'élucident pas pour autant la distinction moderne entre astrophysique et cosmologie que vous avez esquissée.

M. C. — La cosmologie est l'étude de l'origine, de la structuration et de l'avenir de l'univers. Elle met à contribution les connaissances les plus diverses, y compris celles de la théorie des particules élémentaires. L'école du dedans, celle qui consiste à lire le monde dans un grain de sable, y rejoint l'école du dehors qui s'ouvre à la perspective cosmique. La cosmologie est une science historique. Au début, l'univers était chaud. Vous l'avez justement décrit en expansion, formule qui vaut introduction au discours cosmologique. Si on inverse la flèche du temps, il est en contraction ; et si on l'imagine comme un gaz, le contracter revient à le réchauffer. Au commencement, est donc la chaleur. Et dans cette grande chaleur prolifèrent des particules anonymes, élémentaires, énergétiques — la chaleur étant une mesure de l'agitation thermique, de l'énergie de chaque particule individuelle. Ce qui fait que nous pouvons simuler les conditions du big-bang au moyen des accélérateurs de particules, en conférant à des particules individuelles l'énergie qu'elles avaient originellement. Les astrophysiciens, quant à eux, sont soucieux de perfection formelle. Ils cherchent à déceler, dans l'univers, un plan coordonné, un schéma directeur, un concept organisé en train de se réaliser à travers la forme matérielle, donc une histoire. Dans le champ complexe du savoir, l'astrophysique et la cosmologie, sciences de plein air et de pleine conscience, cherchent en fait à situer l'homme dans l'espace et dans le temps.

Une équation en forme de poème

E. M. — Mais peut-on décrire cet univers, le pouvez-vous ? Et si oui, comment ?

M. C. — Commençons par ses éléments. Il y a les acteurs et il y a l'acte. Parmi les acteurs figure bien sûr la matière, mais sa définition a connu une extension considérable. Par exemple, on y inclut désormais la lumière, considérant qu'elle est une forme matérielle neutre. On peut lui conférer le signe zéro, mais le zéro n'est jamais qu'un plus et un moins additionnés. Disons que le plus correspond à la matière, et le moins à l'antimatière. En conséquence, la matière naît de la lumière, mais en compagnie de son double antagonique et mortel, l'antimatière. Et ces deux formes, si elles se rejoignent redonnent le zéro. Selon cette dialectique entre la lumière et la matière à laquelle la nature donne libre cours, le big-bang est l'événement où la lumière se matérialise alors que l'étoile, en revanche, constitue l'anti-big-bang. Elle est le lieu où la matière se transforme en lumière — raison pour laquelle les étoiles brillent. Voilà une première description de la dialectique matière-lumière en vertu de la plus belle équation que l'on connaisse de par sa sobriété, un petit poème que tous les enfants savent par cœur, sans pouvoir en expliciter le sens et qui s'écrit $E = mc^2$. Personne ne soupçonne le potentiel explosif qu'elle cache sous son simple cotillon ! L'univers est conforme à la théorie d'Einstein en ce qu'il correspond à une description *relativiste.* Mais il est aussi *quantique*, et j'y reviendrai, la physique quantique étant la meilleure description que nous possédions s'agissant de l'infiniment petit. Reprenons toutefois le chemin vers l'origine. La découverte de l'*expansion de l'univers* par Hubble que vous évoquiez a, en effet, été décisive. Tout comme celle du *rayonnement cosmologique fossile* qui filtre depuis la nuit des temps et vient grelotter à l'oreille de nos radiotélescopes parce qu'il est très froid, si froid qu'il caresse la Terre et les récepteurs qui l'entourent sous forme de micro-ondes. Or ce rayonnement invisible est omniprésent et permanent. Cela veut dire que la nuit n'existe pas, qu'elle est du domaine des apparences, que le ciel n'est pas noir, mais notre regard obscur. Mais telles des prothèses, les yeux électroniques que nous avons forgés afin de pallier notre cécité nous permettent de voir l'invisible. Ce rayonnement-là qui filtre des origines a été émis il y a treize milliards d'années, est perceptible par le moyen de radiotélescopes ou de satellites dédiés à son étude. Il nous donne à voir la première image du monde. Elle est quasiment lisse, hormis de très légères aspérités qui laissent supposer que la forme va s'extraire d'un substrat indifférencié. Elle nous permet de lire les chapitres liminaires de l'histoire du monde et accrédite l'idée d'une cosmologie conforme à la relativité générale d'Einstein selon laquelle l'univers se déploie, prend du volume au fil du temps et se refroidit.

E. M. — Un déploiement qu'il serait cependant illusoire, suivant la pente de notre entendement, de concevoir selon les représentations les plus communes.

M. C. — On parle d'expansion de l'univers, mais en réalité il s'agit d'une dilatation de l'espace, à grande échelle. Les objets eux-mêmes, votre tête, la mienne, fort heureusement, ne gonflent pas. Les objets constitués, les objets pris dans des formes, dont les atomes sont reliés par des interactions beaucoup plus fortes que la gravitation, ne sont pas en expansion. Sinon, nos yeux s'écarteraient au même rythme que l'espace, et nous ne saurions pas que l'univers est en expansion. Il y a donc du fixe dans l'univers, mais il est à petite échelle. Il en est ainsi de la distance entre la Terre et la Lune et de toutes les distances dans notre propre galaxie. Quant aux galaxies elles-mêmes, en dehors des amas qu'elles forment parfois, elles sont si distantes les unes des autres que leur influence, notamment leur attrait mutuel, est négligeable. Ces îles d'univers s'écartent mutuellement, non pas parce qu'elles se révulsent ou se repoussent, mais parce que la trame de l'espace qui les sépare se dilate. Dans cette vision du monde, tout à fait élastique, le substrat de l'espace lui-même n'est pas fixe, mais en réalité ductile. Le temps lui-même est associé à une dimension. L'espace quadridimensionnel ou espace-temps est ainsi érigé, et une fois rempli de matière, il est identifié à l'univers par Einstein. Or il s'avère que ces quatre dimensions que nous percevons, les trois spatiales et la temporelle, pourraient ne pas être les seules.

Temps et révolutions

E. M. — Ces retrouvailles avec le temps apparaissent cruciales, et nous y reviendrons. Dans sa propre vision théologique, Augustin, déjà, notait le paradoxe : « À quel moment Dieu a-t-il créé le monde ? » Et il répondait : « À aucun moment, car la création du monde est celle du temps », dimension dont nous ne pouvons nous abstraire. Toutefois, dans ce temps singulier qu'est l'histoire humaine, comment est-on passé de la « Lune terreuse » à l'affirmation de plusieurs dimensions ?

M. C. — Nous en sommes, en ce sens, à la sixième révolution copernicienne. La première, vous l'avez souligné, est que la Terre n'est pas au centre du système solaire, le Soleil occupant cette place — et quoique cette révolution n'ait guère pénétré les consciences à constater la persistance de l'expression « le Soleil se lève ». La deuxième est que le Soleil et son cortège de planètes sont en marge de la galaxie, dans sa grande banlieue. La troisième est que ladite galaxie n'est pas au centre de l'univers, car l'univers lui-même n'a ni centre ni bord. La quatrième est que la matière qui nous constitue, faite d'atomes, n'est pas la substance essentielle de l'univers, révolution absolument considérable faisant perdre sa royauté à l'atome lumineux ; s'ouvre l'ère de l'invisible, d'une substance invisible, d'un nouvel éther, indétectable mais pourvu d'énergie. La cinquième est que les lois que nous considérions comme universelles, c'est-à-dire celles qui nous permettaient de décrire le comportement de la matière ici-bas et dans le ciel, semblent réservées à notre province cosmique. L'univers va au-delà de ce que nous pouvons qualifier en tant qu'homme, simplement homme voyant et sensitif. Disons que la théorie semble indiquer, de manière indirecte mais logique, que l'univers est un ensemble de cosmos, une sorte de champagne si l'on veut, et dont nous n'occuperions qu'une bulle. Sixième et dernière révolution conceptuelle, mais qui n'est pas encore avérée, bien qu'il nous faille l'admettre pour des questions d'harmonie et de cohérence de la théorie, l'existence de dimensions que nous ne percevons pas.

E. M. — La perception en est impossible, mais non pas la détection.

M. C. — Le visible est lié aux propriétés physico-chimiques de notre rétine. C'est l'insistance de la lumière qui a forgé notre œil, le Soleil qui l'a éduqué. Tous deux sont faits de la même substance : les atomes du Soleil parlent aux atomes des yeux le langage de la lumière, et la raison pour laquelle nous voyons réside dans cette identité de nature entre le détecteur et le récepteur. Que, dans le même temps, nous soyons aveugles à toutes les autres lumières ne signifie pas qu'elles n'existent pas. Notre visible est l'écume de la lumière. Notre matière est l'écume de la matière. Notre cosmos est une sphère causale où la cause précède l'effet, où tout peut être décrit de manière déterministe. Mais ce royaume-là ne serait qu'une bulle. Il serait lui-même éclos dans un milieu auquel on pourrait donner le nom de « substrat incréé » ou de « père du monde ». Et, sans que l'on puisse absolument le décrire, on peut le mettre en équation.

Quand parle la matière

E. M. — Cette dernière formule, « père du monde », dont je sais que vous n'y voyez qu'un usage métaphorique, ne laisse pourtant pas de m'interroger. Quelle valeur attribuer au regard que l'homme, de sa « bulle » dites-vous, porte sur l'indescriptible ?

M. C. — Le processus scientifique aura été celui d'un décentrage progressif de la condition d'homme. La science apparaît comme une longue lutte contre le géocentrisme et contre l'anthropocentrisme, mais non pas nécessairement contre l'anthropomorphisme. Elle postule que tous les lieux se valent parce qu'un être vivant sur une autre galaxie qui posséderait les mêmes qualités que nous et qui aurait statut d'observateur verrait se dérouler le même drame, la même dramaturgie cosmique que nous, et il constaterait, comme nous, l'expansion de l'univers. Il n'y a pas de centre du monde. En dépit de ce décentrage spatial, nous vivons néanmoins un temps particulier, le temps béni où la matière parle, et cela n'est pas indifférent. Quand on me demande où je suis, je dis aujourd'hui, le bel aujourd'hui. La matière parle, et il en ressort que le langage, la pensée, la vie nécessitent l'œuvre des étoiles, que les étoiles jouent dans l'économie générale de l'univers le rôle d'artisan consciencieux, et que, par-delà cette œuvre, leur existence même apparaît comme une condition nécessaire à la diversité des atomes. Or les étoiles, mères de nos atomes, ne sont pas immatérielles, mais viennent, sont faites, dépendent de quelque chose ; elles ont été précédées par d'autres formes qu'on appelle les nuages interstellaires, lesquels, eux-mêmes, découlent d'une forme antérieure. Quelle est-elle ? Il en va comme d'une affaire de généalogie où l'on ne cesse de remonter. La mère du nuage, eh bien, c'est la lumière ! La lumière a donné forme à la matière et à l'antimatière. L'antimatière semble avoir disparu. Il y a genèse, mais il y a meurtre. Il ne reste plus que des atomes. Nous avons beaucoup de peine à imaginer la disparition de l'antimatière.

E. M. — Ce qui ne vous empêche pas d'en faire l'objet de votre quête.

M. C. — Oui, pour ma part, c'est le monde perdu de l'antimatière que je recherche, avec bien d'autres, en supposant qu'il n'a pas été complètement éliminé. Je sais qu'à la frontière de la matière et de l'antimatière se produit une annihilation qui devrait se solder par des flots de rayons gamma, et nous développons des satellites sensibles à cette forme très énergétique de rayonnement afin de délimiter et de percevoir la frontière entre les mondes et les antimondes mais jusqu'ici rien n'est apparu de tel. Dans cette remontée, dans cette genèse, de surcroît, la lumière n'est pas première. Elle aurait été précédée par une forme qu'on pourrait appeler le *vide*, mais un vide paradoxal, plein de toutes les naissances et de toutes les énergies, un vide que seule la mécanique quantique peut décrire, un vide qui serait telle une agence de communication et de relations publiques. Ce vide existe encore ; il est à l'origine de ce qu'on pourrait appeler les forces de la physique, à l'origine du fait qu'il existe des interactions dans le monde. Ce vide est relationnel. Tous les linéaments de cette pensée vous sont cependant bien connus, et vous avez été l'un des premiers à les méditer puisque dans *La Nature de la nature*, tome essentiel de *La Méthode*, vous n'avez pas hésité à introduire les notions de chaosmos et de plurivers bien avant l'avènement de la cosmologie *new-look*.

E. M. — Merci de votre lecture attentive. Le fait crucial, me semble-t-il, qui ressort de notre tout récent univers, que vous avez annoncé et auquel vous reviendrez sans doute, est que la matière et l'atome, qui en semblait le substrat fondamental, n'en représentent qu'une petite, voire infime partie. Au profit de quoi ? De l'esprit ou d'un spiritualisme ? Pas du tout. De l'énergie ? Pas seulement, et nous en reparlerons. Au profit, dirai-je, d'un réel physicisme, c'est-à-dire d'un monde conçu physiquement, selon ce que les Grecs nommaient la *physis*, ce qui fait naître, n'est réductible ni à la matière ni à l'énergie, ce quelque chose d'où sort la création ou, plutôt, les successives créations. Par là ne revient-on pas à l'intuition de Spinoza ? En rejetant l'idée d'un Dieu extérieur au monde qu'il aurait créé comme une machine ou comme un produit, en considérant que ce Dieu-là n'est pas, Spinoza inscrit la force créatrice à l'intérieur de l'univers. Mais, avant que vous me disiez votre pensée sur cette conception, tâchons d'éclaircir la notion d'énergie telle que vous l'avez évoquée.

M. C. — Elle est en effet au cœur du propos, et on ne saurait trop la préciser.

E. M. — *Quid*, donc, de la thermodynamique, qui n'apparaît pas dans votre propos alors qu'y apparaissent la chaleur, l'agitation des atomes ou molécules ? *Quid* du second principe de la thermodynamique qui est un principe d'abord, disons, de dégradation de l'énergie en chaleur, puis en termes d'organisation, un principe de désorganisation ? *Quid*, enfin, de sa combinaison avec le fait qu'en dépit de ce principe, ou à travers lui, adviennent sans arrêt de nouvelles genèses, des genèses d'étoiles, des genèses d'univers ? Ne faut-il pas, là, en appeler à Prigogine pour comprendre le lien entre ce principe de dégradation ou de destruction et ce principe de genèse ? Le problème est bien de savoir comment concevoir que l'univers puisse être une sorte de dégradation de l'infini, qui n'a ni forme, ni temps, ni espace. Et dans le même temps que cette dégradation puisse être une genèse, la création de quelque chose, de tant de choses, la création de particules, d'atomes, d'étoiles.

M. C. — Le premier de ces deux mouvements que j'ai saisis est bien celui de la création, mais je n'utiliserai le terme que dans le sens où on l'emploie dans les ateliers de haute couture, au moment de présenter les nouvelles collections, ou, mieux encore, en dramaturgie, à chaque saison théâtrale. La création au sens théologique est absolue, et ce qui est absolu, pour moi, n'existe absolument pas. J'userai donc du terme création, en complicité avec Georges Gamow, au sens de la dernière mode parisienne, l'univers est en effet sans arrêt déchiré, recousu, recomposé — et même calciné, la matière dans les étoiles étant portée à des températures, véritablement infernales.

J'annonce solennellement que la notion de big-bang qui semblait accréditer la thèse des monothéismes juif, chrétien, islamique d'une création unique — et même *ex nihilo*, ce qui est une aberration pour la pensée rationnelle — se voit banalisée. En fait, je parlerai, dans la lignée de Andrei Linde et Alan Guth de création plurielle. Des bulles d'univers qui ne sont au départ que des perles infimes semblent émerger du bouillon de l'espace-temps un peu comme Vénus émerge de l'écume.

E. M. — Perles infimes, mais qui sont gigantesques pour nous.

M. C. — Elles sont gigantesques parce qu'écartelées par une expansion considérable. Cette expansion est liée, en toute hypothèse, à la vertu expansionniste du vide nouveau, de ce vide quantique que j'essaie de mettre en exergue. Il est, par excellence, l'écarteur d'espace. Il a des vertus antigravitationnelles. Car, si la gravitation est l'attrait de la matière pour la matière, l'antigravitation, à rebours, est une gravité répulsive. Nous avons l'expérience de la chute, car, sans cesse, nous tombons. Mais l'univers, lui, à grande échelle, a celle de l'envol. Sous forme de métaphore, on peut dire que, au commencement, le vide était en colère. Débordant d'énergie, il était excité. On peut ainsi poser comme origine du monde les fluctuations colériques aléatoires, et sans cause, d'un substrat généralisé, gouverné par la mécanique quantique — le mot signifiant « fluctuant ». Un état uniforme parfait n'existe pas. Et on peut dire, de surcroît, quoique l'expression soit téméraire, que notre bulle d'univers est née d'une transgression, transgression de l'impossibilité d'exister, puisque la mécanique quantique interdit *in fine* que l'on déclare l'impossibilité absolue des choses.

E. M. — Dès lors, le grand acteur de l'univers ne serait-il pas ce vide ? Ce vide quantique qui est à l'origine de tout, qui pousse à l'écartement et à la dispersion de notre univers et qui semble vouloir triompher à la fin ? Ne serions-nous pas une petite aventure, un avatar mineur de ce vide ?

M. C. — Nous sommes entre deux vides ; celui du commencement et celui de la fin.

E. M. — Entre deux vides mais avec, aussi, beaucoup de vide à l'intérieur !

2

APPROCHES DE L'INVISIBLE

La signature de la matière

EDGAR MORIN — Ainsi donc, Michel Cassé, nous participons d'un très étrange univers. Il commence à partir d'un vide qui n'est pas vraiment un vide, qui est un vide quantique, notion à tout le moins bizarre. Puis apparaît une fluctuation, une colère ou un pet, on ne sait, qui disloque ou semble disloquer ce vide et fait surgir, dans une sorte d'incroyable chaleur, notre univers, lequel en se refroidissant va créer les particules et tout ce qui s'ensuit. C'est dans cet univers qui est aussi une histoire que nous sommes, que nous nous tenons, histoire dont il nous faut continuer d'interroger les mots, les termes, les notions.

Michel Cassé — En remontant aux origines, en inversant la flèche du temps, on peut croire prendre peu à peu possession d'une méthode génétique. En effet, la découverte la plus importante du XXe siècle relève de la généalogie. Il existe un lien de genèse entre les hommes, plus exactement leurs atomes, et les étoiles, entre les étoiles et les nuages interstellaires, entre ceux-ci et la lumière, entre celle-là et le vide quantique. Il y a donc une chaîne physique de la genèse : grand vide, lumière, matière et petit vide — ce reliquat qui persiste et n'a d'ailleurs de cesse d'accélérer l'expansion de l'univers. Les acteurs de cette dramaturgie cosmique sont la matière attractive et une certaine forme de substrat, dont je ne sais si on peut l'appeler matière, qui a vertu répulsive. On le baptise *énergie noire.* La matière elle-même se décompose en matière nucléaire — c'est-à-dire en atomes — et en matière exotique — c'est-à-dire non nucléaire.

La matière nucléaire peut être brillante ou noire. Il existe des objets faits essentiellement des mêmes atomes que vous, que la table, que les étoiles, que les galaxies, objets qui, cependant, sont noirs et en ce sens invisibles. Il existe par ailleurs des êtres physiques totalement invisibles et libres, ne constituant aucune structure. À preuve les neutrinos qui, produits par les réactions nucléaires de la centrale qu'est le Soleil, s'envolent en le traversant comme s'il n'existait pas et traversent pareillement la Terre qui est poreuse comme une boule de cristal. On peut le proclamer hautement : l'invisible n'est pas l'absence, pas plus que le noir. Ces êtres-là, ces particules extrêmement délicates traversent chaque centimètre carré de votre glorieux individu et de chacun d'entre nous, aussi bien que chaque centimètre carré du plancher, à raison de soixante milliards par seconde, sont absolument invisibles, quasi impalpables et pourtant bel et bien existants et matériels. Matière, donc, qui n'est pourtant pas nucléaire en ce qu'elle n'est pas constituée de protons ou de neutrons, mais qui se tiendrait plutôt du côté de l'électron. Le neutrino est le double occulte de l'électron.

E. M. — Vous venez de dire, et on ne saurait trop le souligner, que l'invisible n'est pas l'absence mais, au contraire, qu'il est présence. Nous sommes donc dans un domaine où il faut reconnaître la présence de l'invisible, non pas n'importe quel invisible, non pas celui des mythes, ou des fantômes, mais cet invisible-là, inconnu, dans lequel nous sommes et baignons.

M. C. — La réalité est essentiellement invisible, et le visible en quelque façon irréaliste tant il est exceptionnel. En fait, le non-vu est le prochain invisible. Cet invisible-là, ainsi que vous le qualifiez, le neutrino, on réussit en effet à lui faire signer sa présence. Il suffit de présenter un parchemin digne de lui. Dans l'impossibilité physiologique de la percevoir, il nous faut mettre en œuvre une hypersensibilité à l'invisible. Je possède ainsi une image neutrinique du cœur du Soleil que je peux admirer de l'aube au crépuscule. Car cet invisible-là dépasse la couleur, de même qu'il dépasse ce qu'on pourrait appeler le rayonnement électromagnétique.

Des messagers cosmiques

E. M. — Quel statut, dès lors, accorder à la lumière dont on sait la primauté symbolique dans toutes nos cultures ?

M. C. — Jusqu'à il y a peu, on pensait qu'il n'y avait de messagers que de type lumineux. En fait, la lumière était considérée comme le transporteur consciencieux et véloce de l'information d'un point à l'autre de l'univers. Mais nous avons découvert qu'il est d'autres formes de coursiers : outre les neutrinos, les ondes gravitationnelles, par exemple. Le fait est que l'espace connaît des frémissements et que ces déformations de l'espace-temps — qui est une peau de tambour élastique — produisent des ondes, qui se propagent, et que l'on nomme en conséquence gravitationnelles. Or l'univers est beaucoup plus transparent dans ce registre qu'il ne l'est dans le registre électromagnétique. En d'autres termes, la vision, ou la perception électromagnétique, s'arrête quand l'univers devient opaque à sa propre lumière.

E. M. — Plus précisément, qu'est-ce que cela signifie ?

M. C. — Que l'univers, lorsqu'il était très chaud, au commencement, était flamme. Mais une flamme est opaque à sa propre lumière. Jamais personne ne verra donc ce qu'on appelle métaphoriquement le big-bang en raison d'un mur de lumière initial qui est impénétrable. En revanche, ce même mur est transparent aux neutrinos comme il est transparent aux ondes gravitationnelles. Et les astronomies à naître se tiennent là, dans ces deux domaines.

E. M. — Ainsi, le génie humain, la part de ce génie qui anime la connaissance scientifique, réussit à rendre observable, repérable, constatable, la présence de cet invisible ! La plus belle découverte est que l'on peut parler de cet invisible sans le voir, en établir des repères. Le jeu de la connaissance s'y révèle pleinement, ce jeu extraordinaire entre le connaissable et l'inconnaissable. Nous transgressons des frontières et gardons, dans le même temps, la certitude de l'inconnaissable. Nous ne sommes pas enfermés dans nos sens, et notre esprit, en dépit de ses limites, peut à la fois les concevoir et concevoir leur au-delà.

M. C. — Absolument. On ne saurait, dès lors, confondre le vide avec le néant et l'invisible avec l'indicible. De surcroît, le fait de le décalquer, car nous ne faisons rien d'autre que de décalquer l'invisible, nous met en présence d'un ciel de création. Le visible en ressort comme lumière d'une paisible étape d'une certaine étoile qui s'appelle le Soleil. Mais ne voir des étoiles que la majorité silencieuse est heureux d'une certaine manière, car cette vision confère au ciel et à l'âme une apparence de sérénité. Si nos yeux étaient véritablement sensibles à toute forme de rayonnement, le ciel ne serait pas constellé, il serait tempête. C'est d'ailleurs ce ciel dynamique que nous révélons grâce à nos prothèses satellisées. Voir naître les étoiles, en repérer les cadavres, c'est ce que l'œil humain ne peut de lui-même accomplir puisqu'il est ajusté, réglé, éduqué par la lumière de la stabilité solaire.

E. M. — Là est le paradoxe. Nous avons longtemps considéré qu'il y avait un ordre impeccable et parfait dans le ciel alors que, selon vos propres termes, l'univers est tempête.

M. C. — Tempête et champ de mines. Et toute explosion dans le ciel est créatrice. L'explosion d'une étoile n'est pas à regretter, les humanités futures se tiennent dans ses éclats et débris puisqu'en se détruisant l'étoile insémine l'espace des produits de son alchimie nucléaire, s'impose comme le lieu où la matière se transforme de simple en complexe. De l'événement primordial qu'on appelle vulgairement le big-bang émane la matière simple qui est le 1 et le 2, l'hydrogène et l'hélium, alors qu'on compte *in fine* 92 éléments depuis l'hydrogène jusqu'à l'uranium, en passant par le carbone, l'azote, l'oxygène, le néon, le magnésium, le silicium, le soufre et l'or — qui tous, l'or comme tout atome à l'exception des quatre plus légers, viennent des étoiles. Pourtant cette matière nucléaire ne représente, au bas mot, selon la proportion communément acceptée, que 4 % de la matière universelle. De surcroît, la matière visible, celle qu'on peut repérer par sa lumière franche, par la lumière que l'on perçoit, ne représente que 5 pour mille de l'ensemble. Que sont les 96 % restants ? Il apparaît qu'il y a partage entre la matière noire et l'énergie noire, c'est-à-dire invisible à raison de 30 % et 70 %. Les neutrinos sont une forme de matière noire mais leurs hypothétiques cousins également — les neutralinos par exemple, en attendant peut-être les neutralissimos ! —, il faut prendre ces ectoplasmes au sérieux car ce sont les conséquences logiques des théories physiques ambiantes.

Excellence du zéro

E. M. — Ce qui ne revient pas, indispensable précision, à justifier les traditionnelles dyades de l'ontologie classique.

M. C. — Non. Point remarquable, nous faisons ainsi, véritablement, le lit du neutre en attribuant à la lumière le signe zéro, en déclarant que la lumière se repose dans le zéro, qu'elle n'a ni charge ni masse et que de ce fait elle donne naissance à la matière et à l'antimatière son double, antagonique et fatal. Zéro, c'est aussi l'énergie totale de l'univers. L'énergie négative a depuis longtemps trouvé sa justification : c'est l'énergie de la gravitation. Puisque maintenant le négatif et le positif — l'antimatière et la matière par exemple, une chose et son double — trouvent à nos yeux une justification, si on fait la somme totale de toutes les formes d'énergie, énergie potentielle gravitationnelle négative et énergie de la matière positive — en incluant tous les éléments du monde —, matière ordinaire, matière noire et énergie noire, on arrive au chiffre zéro, c'est-à-dire qu'il ne faut aucune énergie pour produire un univers ! J'en reste pantois. C'est du moins ce qu'indiquent les dernières observations astronomiques et notamment celles du satellite MAP, par le biais de l'étude de la géométrie de l'univers. Une géométrie « plate », euclidienne, correspond à une énergie totale nulle. La platitude spatiale avérée, on en conclut donc la nullité énergétique.

E. M. — Nous en arrivons justement à toute une série de paradoxes qui sont liés aux mots, aux concepts que nous utilisons. D'abord, cette notion de zéro qui est tout en n'étant rien. Il y a cette idée de vide qui n'est pas tout à fait le vide. Cela nous renvoie incidemment aux assertions de Hegel dans sa *Logique* sur l'être et le néant. Pour le philosophe allemand, l'être est si absolu que l'on ne peut pas lui conférer d'attribut, qu'il n'est aucun attribut de l'être. Or, lorsque l'on se tourne vers le néant, il échappe pareillement à toute attribution. Ce qui fait que, pour Hegel, il y a réciprocité entre l'être et le néant, et identité négative de l'un à l'autre. De tels concepts s'établissent à la limite de l'absurdité, ou, si l'on préfère, de l'incroyable. Or, laissant là l'être, le néant, et revenant à nos notions, force est de constater que, toutefois, nous parlons du vide et que, cependant, nous parlons de la matière. Qu'est-ce que ce vide qui n'est pas un vide mais que vous appelez « presque vide » ? Vous le qualifiez aussi, parfois, de vide quantique, mot qui appelle, vous ne l'omettez point, celui de fluctuation. D'autres questions alors surgissent. La notion de fluctuation prend toute sa précision dans la microphysique, mais au sein de ce vide originaire ?

M. C. — La violation est codifiée. Le plus admirable, selon moi, est que cette physique-là ne repose pas sur le pur aléa. Elle n'est pas une physique du hasard absolu. On y parle bien d'un principe d'incertitude mais cela veut dire que les écarts — le *clinamen*, aurait dit Lucrèce — sont limités et sont eux-mêmes régis par une loi, ce qui fait justement toute la subtilité de la chose. L'incertain est codifié.

E. M. — Mais, non moins remarquable, ce vide est plein de possibilités quasi infinies. C'est de lui qu'est sorti notre univers.

M. C. — Il est porteur de toutes les naissances…

E. M. — … Au point que je ne sais plus quel physicien pouvait dire que le vide est l'énergie infinie…

M. C. — … Formule plus dramatique qu'il n'y paraît. Car c'est bien d'un drame qu'il s'agit. Les physiciens des particules, quand ils calculent l'énergie du vide, ou plus exactement la densité d'énergie du vide — l'opération consiste à dresser le bilan de toutes les particules éphémères qu'on appelle virtuelles, aussi réelles que vous et moi sauf qu'elles sont fugaces —, arrivent à une densité d'énergie infinie ou presque. Or, si c'était le cas, l'univers devrait instantanément exploser. Il y a donc contradiction dans la physique ; ou, plutôt, et c'est l'occasion de le dire, le vide y est cause de scandale. D'une part, le vide des physiciens des particules est si peuplé et si épais qu'on s'étonne d'y voir à travers. D'autre part, le vide des cosmologistes est plus que ténu. À preuve, on voit les étoiles jusqu'au bout du monde ou des galaxies. Il suffit tout juste, d'ailleurs, à assurer la densité d'énergie impliquée par l'observation : 10^{-29} g par cm^3. Le vide cosmologique est fort léger. Il y a là un os, que l'on pourrait appeler l'os du vide.

Ordre et désordre

E. M. — Mais n'est-ce pas aussi, et simplement, que nous touchons là aux limites de notre raison ? Kant ne les a-t-il pas indiquées ? Dès que l'on pense à l'univers, surviennent à la fois l'idée de commencement et l'idée d'éternité. L'une et l'autre semblent raisonnables. Mais, s'il y a un commencement, d'où sort le commencement, et, s'il y a l'éternité, comment a-t-elle pu commencer ? D'où le problème épistémologique que pose aujourd'hui notre nouvel univers, et qu'il faut admettre comme tel. On est obligé de conjuguer des notions qui se contredisent. On est obligé de prendre en compte combien sont approximatives les notions qui nous sont indispensables. Aussi, pour comprendre notre univers, ce cosmos qui est le nôtre, nous faut-il faire appel à une autre discipline, la microphysique, qui obéit à des principes, à des règles qui ne sont pas ceux de la physique banale, la macrophysique, laquelle se distingue pareillement de la mégaphysique dont l'objet est l'univers. Ces niveaux de réalité, tellement différents, sont pourtant inséparables. Nous-mêmes, êtres macrophysiques, ne sommes-nous pas constitués d'éléments microphysiques ? Et ces éléments, à partir d'une certaine densité, n'abandonnent-ils pas leur statut microphysique ? C'est là un paradoxe de plus. Notre univers comporte des niveaux de réalité différents qui ne sont pas imperméables les uns aux autres mais, au contraire, ont besoin les uns des autres.

M. C. — Et, plus encore, dont les uns ne sauraient s'expliquer sans les autres.

E. M. — Vient le moment de poser la question de la simplicité et de la complexité de l'univers. Dans l'ancienne conception physique, y compris chez Laplace, notre univers était une machine déterministe parfaite qui obéissait à des lois simples, des lois fondamentales simples et où l'apparente confusion, l'apparent désordre résultaient des erreurs, des illusions de notre connaissance imparfaite. Cette vision a volé en éclats, n'est-ce pas ? Mais, aujourd'hui, comment concevoir que l'union du simple et du complexe demeure pleinement problématique ? Il y a même une théorie de la grande unification, plusieurs théories en fait par lesquelles on cherche à établir des principes physiques qui présentent de façons différentes les interactions nucléaires fortes, faibles, électromagnétiques. Mais l'unité première qui est ainsi visée n'est nullement la simplicité. Elle suppose non seulement des équations très compliquées, mais encore, peut-être, vous l'avez suggéré, un certain nombre de dimensions supplémentaires au-delà des trois que nous éprouvons dans notre chair. Bien plus, s'il y a eu à l'origine une simplicité fondamentale, il faudrait faire un voyage de quatorze milliards d'années pour la retrouver puisqu'elle n'existe plus. Ce qui existe aujourd'hui est un cocktail, des combinaisons variables et innombrables entre le simple et le complexe. Dans le cœur d'une étoile, par exemple, pour que se forme un atome de carbone, il faut qu'au même moment se joignent trois noyaux d'hélium.

M. C. — Trois particules alpha, oui, trois noyaux d'hélium. Trois noyaux d'hélium font un carbonne, comme 3 fois 2 font 6.

E. M. — Or cette liaison est tout à fait aléatoire. Des rencontres se produisent sans arrêt mais, une fois advenues, elles prennent un tour déterministe.

M. C. — Cette coïncidence est fertile, sans elle pas de biologie.

E. M. — Elle obéit à une loi, la constitution d'un atome de carbone. C'est-à-dire que tout ce qui sous un regard apparaît comme déterministe, obéissant à une loi, sous un autre regard…

M. C. — … C'est-à-dire que le désordre est un ordre caché.

E. M. — Est-ce si sûr ?

M. C. — Disons qu'il y va d'un pari, à la manière de Pascal en quelque sorte, ou encore antinietzschéen et qui fonde la physique.

E. M. — Mais prenons, par exemple, le désordre lié à la chaleur. Nous le savons, ce désordre est une agitation de particules qui n'obéit qu'à des lois purement statistiques. On ne peut toutefois pas contrôler la trajectoire individuelle d'une particule.

M. C. — Le principe épistémologique directeur veut que tous les phénomènes, si complexes ou chamarrés soient-ils, se ramènent à des règles simples. La primauté revient au réductionnisme à tout va, on ne peut guère imaginer plus réducteur que la grande unification que vous évoquez.

De un à deux

E. M. — C'est la première hypothèse, le piège du *Parménide* de Platon : si l'Un est, alors le multiple n'est pas.

M. C. — Mais encore, lorsque le nombre d'objets tend vers Un, et le langage vers Zéro, il y a danger car il faut être deux pour dialoguer. Quand les physiciens arriveront à l'équation maîtresse du monde, ils se seront résorbés dans cette équation et personne ne pourra la dire. Donc il est une forme « monothéiste » d'approche qui personnellement ne laisse pas de m'inquiéter. Pourquoi préférer l'Un au deux ? Le deux, n'est-ce pas l'amour après tout ? La dualité dans la mécanique quantique est acceptée et c'est bénédiction pour l'explication des phénomènes. Elle tient même lieu de principe : onde et particules sont dialectiquement liées, mais ne font pas un.

E. M. — Le deux, dirai-je plutôt, c'est l'univers. Pour qu'il y ait un univers, il faut en effet que s'opère une séparation. Une unité, même infinie, ne peut produire aucun univers.

M. C. — Quitte à concevoir l'univers comme la relation que nous avons avec la nature ?

E. M. — Oui et non. Prenons la notion même là où elle apparaît — ce qui est amusant —, dans la Bible, au premier chapitre de la Genèse : « Au commencement Élohim *sépara* la lumière des ténèbres. » Il n'y a pas création ou production, qui sont ultérieures, mais d'abord séparation. C'est-à-dire, très simplement, que, pour qu'il y ait un univers, il y faut au moins le « deux ».

M. C. — En fait, l'Un explose en multitude, et en cela se tiennent le big-bang et la séparation. Mais l'univers reste uni par ses lois. C'est une entité légale.

E. M. — Quand il y a un seul Un, il n'y a rien.

M. C. — Bien sûr. Et c'est en quoi la recherche forcenée du Un peut paraître préoccupante. Il ne faut pas se hâter d'atteindre l'Un, dirai-je.

E. M. — Oui. Quoiqu'il y ait du deux dans l'Un et quoique l'Un se divise en deux. Toujours la multiplicité affleure dans l'unité. Et si toutefois nous parlons d'*un* cosmos, c'est dans toute la diversité de ses multiples caractères...

M. C. — *Cosmos*, le terme original, incidemment, est aussi à rapprocher de cosmétique. L'étymologie grecque renvoie à la notion d'ordre et de parure au sens cependant que c'est nous qui sécrétons, l'harmonie, et appliquons, si l'on veut, le maquillage.

E. M. — Cosmos qu'il vaut mieux dire singulier. La singularité, c'est Un. Le cosmos est Un, non pas un Un absolu, mais une pure singularité qui produit et recouvre des multiplicités. Vous évoquiez les combinaisons de simples principes au départ. Mais nous savons aussi — et tout le problème de l'organisation à la fois de l'univers et dans l'univers s'en trouve posé — que, quand un ensemble de parties se trouve lié en une organisation, l'organisation du tout produit des qualités et des propriétés qui n'étaient pas dans les parties. C'est ce qu'on appelle les émergences, et qui se manifeste, je pense, dès la création des noyaux puis des atomes et puis des Soleils, etc. Autrement dit, la complexité ou plutôt la richesse, en qualité, de l'univers apparaît justement dans ces rencontres organisationnelles. Là où il y a pure dispersion, il n'y a rien.

M. C. — Ce qui nous ramène à votre question : comment se fait-il que dans un univers qui va globalement vers le désordre advient et se trame une organisation ? En vérité l'organisation est locale, elle se fait toujours au détriment de l'ensemble ! Lorsque, dans une forêt, on construit une maison de bois, on détruit la forêt. À l'échelle stellaire on peut faire valoir que le même principe prévaut. Les étoiles brillent, mais briller c'est se débarrasser du désordre, parce que la lumière, contrairement à ce qu'on pourrait penser, est un agent de désordre, une forme de haute entropie. Prenons pour image un lac qui gèle, posons au-dessus de ce lac une sorte de coupole renvoyant le rayonnement infrarouge qu'il émet, nous voyons que l'eau ne gèle plus. Pour que l'ordre se constitue dans un cristal de glace, une étoile ou dans un homme, il faut permettre au rayonnement de déposer ailleurs le désordre. Et si l'on empêche l'homme de rayonner, en d'autres termes, il meurt. Le désordre est en fait évacué par la lumière, visible ou invisible

— et j'entends ici de manière générique tout ce qui est un rayonnement électromagnétique.

E. M. — Vrai, mais la lumière elle-même ne naît-elle pas d'un processus qui est à la fois organisateur et créateur de désordre ? Pensons seulement aux réactions nucléaires qui ont lieu dans notre Soleil, phénomènes ordonnés et désordonnés à la fois : en fait, on ne peut plus séparer les notions d'ordre et de désordre. L'une réapparaît toujours à un moment donné, par rapport à l'autre. Voilà qui est important, me semble-t-il, du point de vue épistémologique.

M. C. — Oui, mais peut-être plus frappant encore, l'équilibre thermodynamique, c'est-à-dire le fait qu'il y ait une température identique partout, est conçu comme désordre. Mais on peut aussi le voir comme un ordre social pour la raison que la démocratie y règne entre particules. Selon l'œil qui le regarde, l'état de température uniforme, que représente l'équilibre thermodynamique, sera conçu comme ordre ou comme désordre.

3

L'UNIVERS COMME HISTOIRE

Scribe de la nature

MICHEL CASSÉ — À ma courte honte, je réalise n'avoir pas répondu à la question fondamentale que vous avez posée sur le simple et le complexe et sur l'entropie de l'univers. Mais avant de répondre, je voudrais vous faire part de mon trouble. Je suis frappé et même désarçonné par l'hiatus entre la transparence du but de la science et l'opacité de la méthode. Les principes d'analyse sont parmi les choses les mieux acceptées au monde. Séparer un tout complexe, une chose complexe, un problème complexe en différents fragments reliés rationnellement : cette méthode fait foi dans les cénacles scientifiques, et nous l'utilisons tous les jours.

Mais les techniques physico-mathématiques qui visent à cette limpidité sont si ésotériques qu'on ne peut les décliner en mots. La physique théorique dilue le monde dans la clarté des symboles mathématiques. La nature n'est plus qu'un vague sentiment. Et la théorie divorce de l'affect. Mais, d'autre part, le théoricien se retrouve au premier matin du monde. Il remet ses pas dans l'innocence. La nature ne ment pas mais elle ne commente jamais ses déclarations. Elle parle avec des éclairs, des cieux noirs, des arbres. Or cette démarche qui consiste à vouloir tout mettre en équation, en glyphes, cette instance de l'écriture n'appartient-elle pas plutôt au scribe qu'à la nature ? Et empêche-t-elle que nous nous lancions les uns et les autres dans une sorte d'introspection cosmologique ? Question pour question, quelle est cette maladie de l'homme et dont je suis victime, qui le pousse à courtiser sans arrêt l'infini ? Nous sommes malades de l'esprit de recherche. Quel est cet être qui se pose sans arrêt la question de l'être ? La cosmologie est-elle un désir de théologie en voie de guérison ? Il y a là des choses fort perturbantes. Comment devient-on cosmologiste, pourquoi le devient-on ? Est-ce que l'on se cherche soi dans la cosmique immensité ? Ce serait faire preuve d'une certaine immodestie. Et surtout, quelle est la valeur de ce discours ? Quelle est la valeur de vérité de ce discours ? Est-il unique ? Peut-on, au moins, en désigner la pertinence ? Bref, qu'est-ce que le concept d'univers ?

EDGAR MORIN — C'est la leçon kantienne que j'ai déjà évoquée : la découverte des limites de la Raison pure n'épuise pas le désir de métaphysique mais le confronte à la nécessité des limites.

M. C. — Ces interrogations renvoient donc à la question de l'épistémologie. Peut-on admettre que toute clarté se paie d'un mystère ? Pourtant le résultat est là : l'humanité a ciselé un trésor, elle a tracé les linéaments d'une genèse physique du cosmos.

E. M. — Une genèse physique ou *matérielle* du monde ?

M. C. — Une sorte de généalogie de la matière, laquelle aboutit *via* les étoiles à des atomes, lesquels peuvent engager des liens pour créer des molécules, lesquelles peuvent donner naissance à des formes biologiques. Ici toutefois, s'arrête mon discours. Ici s'éteint la genèse, pour nous physiciens. Il n'existe pas en effet de passage bien assuré entre la matière inerte et la matière vivante. Or qu'est-ce que la vie ? Peut-on espérer un jour produire la vie en laboratoire ? Car, pour nous, connaître c'est produire. La physique des particules est une physique active. À partir du moment où nous avons, premièrement les concepts, deuxièmement les moyens de produire des particules, nous les produisons. Et la question se pose, par exemple, de créer des micro-univers. On envisage en effet d'engendrer de microtrous noirs — grâce au Large Hadron Collider qui entrera en fonctionnement au CERN. Produire des microtrous noirs en laboratoire, ou des particules d'un exotisme fou, nous en sommes peut-être capables, mais non pas produire la vie. La vraie vie est ailleurs. La vraie vie est absente.

Au-delà des lois

E. M. — Nous sommes passés d'une question à une autre. La première, c'est effectivement l'intelligibilité de l'univers en termes de simplicité. Les symboles mathématiques qui en rendent compte sont de plus en plus compliqués. Ils forment une radiographie de l'univers. Et, comme sur une radio, on voit le squelette, mais non pas la chair. Autrement dit, par la mathématique, on ne retient que ce qui est mathématisable, et ce qui ne l'est pas n'a pas lieu de figurer. De tels symboles font donc moins rendre compte de l'univers que nous aider à le concevoir, à montrer que nous ne sommes pas totalement infirmes. Mais ils sont un aspect de la connaissance. Dès qu'il s'agit de comprendre, il faut unir la simplicité et la complexité puisque, par exemple, l'ordre, notion simple, et le désordre, autre notion simple, se combinent ensemble de manière complexe. On ne pourra jamais éliminer le fait qu'il y a un certain nombre de lois ; mais, pareillement, on ne pourra jamais éliminer la complexité — y compris avant le commencement, le vide n'étant pas entièrement vide puisque habité de fluctuations.

M. C. — Il n'est pas rien en ce qu'il est infusé par des lois quantiques et relativistes.

E. M. — Il y a des lois. Elles subsistent, elles agissent. Cela étant dit, l'autre question que vous avez posée, de la genèse de la vie, vaut entièrement. Un premier éclairage nous vient des années 1950, de la découverte de Crick et de Watson selon laquelle il n'y a pas une matière vivante distincte de la matière physico-chimique. Autrement dit, ce qui différencie la vie de la non-vie, c'est l'organisation. Cette découverte a permis de dresser plusieurs scénarios de la naissance de la vie. L'un d'entre eux, plausible, veut que, après la formation des macromolécules, se soient formés des tourbillons de macromolécules. Étant entendu que tout tourbillon est une force organisatrice qui a besoin d'une énergie extérieure pour persévérer et étant admis qu'à un moment donné un tel tourbillon contient des molécules capables d'emmagasiner, de produire de l'énergie, se crée dès lors la vie. Comment ? On ne peut le savoir. En revanche, et cela on le sait, lorsqu'un système n'a pas les moyens de traiter ses propres problèmes, c'est-à-dire n'a pas les moyens de regrouper et d'assembler des éléments de plus en plus variés, il peut être capable de créer un autre système plus riche, un suprasystème, un métasystème. Ce qui s'est créé est donc une organisation vivante qui dispose d'un certain nombre de qualités et de propriétés — la reproduction, le mouvement, l'information, etc. Nous savons en conséquence que la différence n'est pas matérielle, qu'elle est organisationnelle.

M. C. — Je ne vois pas la différence entre matière et organisation. La matière est subordonnée par des forces physiques connues et répertoriées. Seule notre ignorance laisse accroire qu'il existe des césures entre un niveau d'organisation et un autre, mais je ne voudrais pas vous interrompre, continuez…

Carbone, ADN et hasard

E. M. — Un vaste débat a suivi. Tout d'abord, les biologistes moléculaires ont pensé — et Monod l'a bien illustré dans son livre *Le Hasard et la Nécessité* — qu'il fallait une somme de hasards incroyable pour que des matériaux physico-chimiques assemblés produisent un être vivant, à l'image d'un singe qui, tapant à la machine à écrire, composerait les œuvres de Shakespeare. Puis, avec la thermodynamique de Prigogine, cette vision, largement acceptée, s'est retrouvée mise en cause. Des organisations produisent au-delà de l'équilibre dans certaines conditions de dissipation de l'énergie, et l'organisation vivante a pu se créer justement dans celles, tourbillonnaires, que j'ai décrites. C'est là une première idée qui enlève tout caractère exceptionnel à la création de la vie. La seconde, aujourd'hui très populaire, est qu'en raison de l'existence non seulement de milliards de systèmes solaires, mais encore d'un nombre infini de planètes, dont certaines ont des conditions analogues à celles de la Terre, de même que la création d'un atome de carbone dans le cœur d'une étoile requiert une myriade de rencontres de noyaux d'hélium, de même il est probable qu'il y ait de la vie ailleurs que sur Terre, qu'il y en ait eu ou qu'il y en aura. Les contre-arguments, certes, ne manquent pas. Il faut plus que des conditions exceptionnelles, il faut un véritable saut pour passer de la non-vie à la vie. De surcroît, tous les vivants ont exactement le même code génétique, dépendant du même langage ADN, ce qui semble indiquer qu'il y a eu un ancêtre unique, et que la vie n'a pas pu naître plusieurs fois sur la Terre même dans les excellentes conditions qui régnaient il y a quatre milliards d'années. Le carbone, qui peut être polarisé à gauche ou à droite indifféremment dans la nature, est polarisé à gauche dans l'organisation des êtres vivants. Autrement dit…

M. C. — … Est-ce qu'on connaît la raison de la discrimination entre la gauche et la droite ?

E. M. — Non. Parce que, dans la nature, c'est le hasard. Ce qu'on sait, en tout cas, c'est qu'il est toujours lévogyre chez les êtres vivants et qu'il ne l'est pas dans la nature.

M. C. — Et on ne sait pas pourquoi ?

E. M. — Encore une fois non. La seule explication serait qu'à l'origine ce carbone lévogyre était présent dans la première organisation vivante et s'est reproduit tel quel. L'idée n'est pas neutre en ce qu'elle constitue un argument en faveur de l'origine unique.

M. C. — Mais il n'en reste pas moins qu'il était à l'origine lévogyre par le plus pur des hasards. J'ai du mal à le croire.

Une curiosité originelle

E. M. — Pour ma part, toutefois, en l'état des choses, je considère certaines questions indécidables. Il y a une très forte probabilité que la vie soit unique — quoique souvent l'improbable advienne. C'est vrai de l'histoire humaine, mais aussi cosmique, vous l'avez dit. Mais, jusqu'à plus ample informé, je pense que la vie n'a pu naître qu'une seule fois sur Terre, et, s'il n'est pas impossible qu'elle soit née ou naisse ailleurs, je croirai, tant que nous n'aurons pas un message de cet ailleurs, que nous sommes seuls dans l'univers.

M. C. — Ce qui ferait de nous des trésors. Mais peut-on considérer que la question demeurera sans réponse ?

E. M. — Non. Il y aura des éléments nouveaux. Entendez-le bien, il suffirait d'un message d'un être vivant, même s'il n'est pas fait d'ADN et d'acides aminés mais de silicium ou de tout autre composant, d'un seul message d'un être vivant, d'un être pensant pour que cette question trouve réponse.

M. C. — Mais ce n'était pas tout de ma question. Je me préoccupe de savoir s'il y a de l'inconnaissable définitif.

E. M. — Cela aussi, je le crois. Mais nous ne savons pas où passe la frontière entre l'inconnaissable provisoire et l'inconnaissable définitif, la frontière entre l'énigme qu'un Œdipe peut enfin dénouer et le mystère que nul esprit ne peut élucider. Qu'il y ait du mystère dans l'univers, je le pense. Vous évoquiez nos yeux, produits dans le cadre du rayonnement solaire. Mais que dire de notre esprit, produit dans le cadre d'une évolution où les vivants, notamment les hominiens, puis les humains, ont eu à résoudre des problèmes pratiques, des problèmes techniques ? Une sorte de maladie est alors advenue dans le gros cerveau qui s'est développé chez *Sapiens.* La curiosité existait déjà chez les chimpanzés, chez les souris, chez nos cousins mammifères, mais *Sapiens* l'a hyperdéveloppée en interrogeant les étoiles dès les premières civilisations, dans la plus haute Antiquité. Cette curiosité, d'exploratrice du monde, s'est transformée en exploration de la planète avec Colomb ou Vasco de Gama, pour devenir aujourd'hui une exploration de l'univers. Cependant, le problème demeure. Je crois qu'il restera toujours, plus même que de l'inconnaissable, du mystère. Prenons une métaphore, celle du mathématicien Spencer Brown. Imaginons à sa suite que l'univers veuille se connaître. Or il ne le peut en raison de son immédiateté à lui-même. Pour qu'il y ait connaissance, il faut qu'il y ait une certaine distance. Alors l'univers va faire sortir une espèce de pédoncule, de pseudopode hors de lui-même et va l'étendre…

M. C. — … En le dotant d'un œil…

E. M. — Voilà ! C'est cela. Au bout de ce pseudopode, il va placer un œil, un cerveau même, mais, au moment où l'opération réussit, au moment où enfin cette extrémité a un cerveau, un œil, et est capable de regarder l'univers, la réussite se révèle un échec, car l'éloignement s'avère trop grand. Et c'est tout le problème.

M. C. — Magnifique métaphore !

La mémoire de la mémoire

E. M. — Nous sommes à la fois enfants de l'univers et étrangers à l'univers. Vous souvenez-vous d'un certain banquet au château de Beychevelle, au cours duquel, entre mets et vins fins, un convive vous a demandé : « Et vous Monsieur l'astrophysicien, que voyez-vous dans mon verre ? »

M. C. — Je lui ai répondu que dans une goutte de vin, mais aussi bien dans une goutte d'eau, on boit l'univers entier parce qu'il regorge d'hydrogène, jailli de l'explosion originelle, et de l'oxygène, exhalé par les étoiles…

E. M. — … Et vous aviez continué, en parlant du carbone issu d'un Soleil antérieur au nôtre. À dérouler la chaîne des macromolécules qui se sont assemblées sur la Terre primitive à l'évolution biologique, notamment l'évolution végétale, d'où est sortie la vigne sauvage, à l'humanité méditerranéenne cultivant cette vigne, exprimant le jus de la grappe, et jusqu'aux procédés techniques les plus modernes pour contrôler la fermentation, vous invitiez votre interlocuteur à voir dans son verre…

M. C. — … L'univers entier…

E. M. — … Toute l'histoire de l'humanité, l'histoire de la vie, et l'histoire du cosmos. C'est à raison que vous parlez d'un *anthropo-cosmos.* Chacun d'entre nous est un microcosme, et nous contenons tous la totalité de l'univers. Le microcosme n'est pas pour autant le miroir auquel croyaient les anciens hermétistes. Il correspond plutôt, selon le développement que j'en ai fait dans *La Méthode*, du principe de l'hologramme, c'est-à-dire d'un point contenant la totalité de l'information tout en étant radicalement singulier. De même qu'une simple cellule de notre peau ou de notre rate en sa singularité contient tout du patrimoine génétique. Nous sommes hypersinguliers, tout en ayant l'univers-en-nous. Ce n'est pas sans conséquences. En revenant, selon vos termes, à ces colères de l'univers, à cette violence, comme vous l'avez dit, en contemplant cette histoire cosmique pleine de bruit et de fureur, comment ne pas penser à l'histoire humaine, selon la formule même de Shakespeare ?

M. C. — Absolument !

E. M. — À parler de la vie humaine et de l'histoire humaine advient sous nos yeux le défilé incessant de ces explosions, de ces tamponnements d'étoiles, de ces galaxies-cannibales qui en dévorent d'autres, et à ce spectacle survient inévitablement le spectacle de la nature et particulièrement celui qu'offre l'humanité. Autant toutes nos connaissances nous amènent à répudier l'anthropocentrisme, c'est-à-dire l'idée que nous serions au centre du monde, autant s'impose le recours à l'anthropomorphisme dans la mesure même où il est des analogies…

M. C. — … Une recherche qu'on pourrait appeler la poésie…

E. M. — … C'est la poésie. La recherche est métaphorique. On transporte une image d'un point à l'autre. Par exemple, lorsqu'on reproche à « une mémé de parler à son chien-chien » comme s'il s'agissait d'un être humain, est-ce de l'anthropocentrisme ou de l'anthropomorphisme ? Nous sommes nous-mêmes des mammifères et savons que les mammifères ont des sentiments, des affections, éprouvent la colère, la joie, etc. Donc, cette grand-mère se montre, dans le fond, plus scientifique qu'un scientifique réductionniste.

M. C. — Et, par là, on sort du cartésianisme !

Éloge de la reliance

E. M. — Nous avons en fait dépassé, et depuis longtemps, le cartésianisme. Telle est en effet la question : devons-nous continuer l'univers avec toute sa fureur, sa violence, et sa créativité aussi ; ou ne pouvons-nous pas nous arracher à une si cruelle histoire, et en quelque façon la civiliser ? Dans les écosystèmes naturels, adviennent ainsi des régulations spontanées. Certes, elles s'accomplissent souvent par le massacre, la destruction, la mort qui se révèle la grande régulatrice. Pensons à ces œufs de poissons, d'insectes, anéantis. Mais nous, société humaine, nous essayons de réguler autrement que par la mort, par le recours aux institutions, à la justice, à la solidarité. Porteurs de cette violence furieuse du cosmos, nous ne pouvons nous abstraire de son caractère créateur et organisateur, mais, dans le même temps, nous essayons de nous civiliser. Et nous n'y réussissons pas. Mais nous devrions.

M. C. — J'entends là dans vos paroles un appel à la métaphysique *a posteriori*. Au lieu de fixer le monde, de le faire passer par le tamis de nos préjugés, de nos préconceptions, votre langage invite à un plus profond respect par rapport à la structure de ce qu'on pourrait appeler le monde — terme que je préfère définitivement à celui de réalité, mot creux qui a besoin d'être meublé.

E. M. — Il y a plusieurs formes de réalité, voire plusieurs réalités, c'est cela le problème !

M. C. — Mais vous ne dites pas moins que l'observation attentive des choses pourrait nous aider. Quoiqu'il y faudrait un œil qui ne soit pas monochromatique et qui autoriserait alors l'*omni-voyance.*

E. M. — J'ai dit, écrit que le cosmos nous avait faits à son image, mais j'ai écrit aussi que nous en sommes les orphelins. Enfants du ciel et orphelins du cosmos !

M. C. — Orphelins du zodiaque, en fait. Ce qui me donne l'occasion de souligner combien l'astrologie, au symbolisme par ailleurs somptueux, n'est pas sans être fausse dans sa conception même des éléments. Associer le fer à Mars, sous prétexte que le fer rouille, et ce pauvre Saturne au plomb et à la mort, c'est une aberration, puisque le plomb vient des étoiles, le fer et l'or également. Quant au mercure vif-argent, il n'a rien à voir avec ladite planète. L'astrologie donc, historiquement liée à l'alchimie, si elle doit subsister — personnellement je ne suis guère favorable à ce qu'elle perdure, mais faisons preuve de tolérance —, devrait être amendée. L'origine des éléments est à référer aux étoiles et non pas aux planètes.

De cette simple incidence, je retiens que nous sommes affligés de l'esprit de quête. Qu'est-ce que cela signifie ? Je suis dans l'incomplétude même, et comme l'univers a créé l'homme à son image, l'univers est incomplet. Mais que crée en retour l'incomplétude ? La recherche de l'altérité. L'univers est en expansion, infini peut-être, il s'étend encore. Dès lors quel concept peut y correspondre ? Pour ma part, je dis que c'est le poème ou l'amour. Qu'est-ce qui peut s'étendre infiniment hormis l'élan amoureux ou poétique ?

E. M. — Mais ne peut-on pas penser alors que les formes archaïques de l'amour se trouvent dans les attractions qui se sont constituées dès les premières secondes de l'univers, entre particules, en même temps que surgissaient les formes archaïques de la haine et de la destruction ?

M. C. — C'est là une manière de voir.

E. M. — Il y a bien ce mot de reliance, que j'aime beaucoup, introduit par Maurice Bolle de Balle, qui, à mon sens, vaut parfaitement pour dénoter tout ce qui peut nous lier — solidarité, amitié, amour, etc. Dès les débuts de l'univers, il y a à la fois conflit et complémentarité entre ce qui disjoint, ce qui sépare, ce qui détruit, et ce qui rassemble, ce qui unit, ce qui lie. Il y a ces molécules, après qu'elles se sont créées à partir de plusieurs atomes, qui s'aiment entre elles, s'attachent les unes aux autres, se relient. Autant je crois qu'il faut utiliser avec réserve — mais ne pas en avoir peur — la projection métaphorique, autant je crois — pour conclure peut-être sur cette idée d'*anthropocosmos* — que les liens dans l'univers sont inouïs, que les liens entre l'univers et nous sont multiples. Que, dans le fond, nous sommes inconscients du fait que nous portons l'univers en nous.

M. C. — Et l'on peut mourir de carence d'univers, comme le dit mon ami Yves Simon.

E. M. — Comme on peut mourir de trop-plein d'univers. C'est pour cela qu'aujourd'hui comme hier les cosmologies sont constitutives de l'histoire. Au sein des « grandes » comme des « petites » civilisations, elles reliaient l'homme à l'univers — ou à tout ce qu'elles pensaient qu'il était. Il y avait même cette idée que les humains devaient aider l'univers à poursuivre sa route. D'où les sacrifices humains qu'accomplissaient les prêtres aztèques — surtout les grandes années solaires — arrachant le cœur à de jeunes gens. Cette cruauté avait une fonction sociale, vitale. Pour eux, à moins de ce rite, le Soleil mourait.

M. C. — Paradoxalement, la société occidentale pendant des siècles ne s'est jamais posé la question de la nourriture du Soleil. Ce n'est qu'au XXe siècle, grâce à la physique nucléaire, qu'on est arrivé à expliquer les myriades de mariages qui se produisent en son cœur, et dont les soupirs d'exultation et les cris de joie se nomment la lumière.

4

LA FLÈCHE DU TEMPS

Un paradoxal retour

EDGAR MORIN — Notre présente situation est des plus intéressantes du point de vue de la pensée et de la connaissance. Nous assistons au retour du temps. Un retour qui est d'abord visible dans les sciences humaines et même, de manière notable, dans les sciences historiques, alors que, phénomène très curieux, au début du XXe siècle, tout un courant de l'histoire avait voulu éliminer l'événement en le réduisant à l'écume des choses. Les guerres, les batailles, les rois, rien de cela n'était intéressant ou important. Seules comptaient les structures économiques, les lentes évolutions. C'était une histoire presque immobile, très déterministe. Depuis quelques années, les historiens en reviennent à l'événement parce que l'événement, lui-même, nous est revenu à travers la biologie — et la physique aussi.

MICHEL CASSÉ — Où ce retour s'est accompli sous le signe de la flèche.

E. M. — Oui. Pour ce qui est de la biologie, le temps s'est introduit au XVIIIe siècle, à partir du moment où l'on a dépassé le fixisme des espèces, et où sont apparues avec Lamarck les théories de l'évolution. Il y a une histoire là, une histoire de la vie, une histoire où le hasard joue un rôle — dès Darwin, mais avec un élément de rationalité qui est la sélection naturelle —, une histoire où trouvent place les catastrophes. Par exemple, c'est un cataclysme, sans doute lié à l'arrivée d'une météorite, ayant peut-être lui-même réveillé un volcanisme, qui a provoqué l'extinction des dinosaures et de très nombreuses espèces vivantes. Cette histoire de la vie, deux très grandes catastrophes, avant le tertiaire, l'ont ainsi changée, modifiée, car, si les dinosaures ont disparu avec l'extinction de la végétation, ils ont servi de nourriture, en abondance, pendant longtemps, à de petits mammifères, des charognards qui étaient nos ancêtres. Aussi sommes-nous là peut-être parce que les dinosaures sont morts. Le temps et l'histoire parsèment la biologie. De plus, comme le dit François Jacob, quand je regarde la coupe d'une cellule, je vois toute une histoire dont nous savons aujourd'hui qu'elle commence avant même les polycellulaires, à l'époque des unicellulaires avec la diversification des bactéries. Nous sommes en plein dans l'histoire, une histoire que la physique classique avait pareillement chassée de son domaine. Les lois physiques étaient irréversibles. La première perturbation a tenu au deuxième principe de la thermodynamique parce qu'il indiquait, comme vous l'avez dit, qu'il y avait une flèche du temps, que lorsqu'on brouillait des œufs, les œufs ne pouvaient pas se débrouiller pour se reconstituer. Il a donc échu à la cosmologie, dont vous êtes un éminent représentant, de rétablir le temps dans l'univers. Désormais, l'élément fondamental, le temps, est retrouvé partout, en physique et en biologie, dans le monde de l'homme. C'est l'espace qui, lui, semble être en train de se perdre.

M. C. — Exactement. L'espace est perdu puisque, *in fine*, tous les lieux se valent. En revanche, le temps est retrouvé. Mais le temps lié à l'espace !

La meilleure flèche du temps — puisqu'il en est un pour chaque être, un temps pour l'ensemble des êtres et que l'un et l'autre coïncident — demeure celle du temps régi par l'extension de l'espace. L'espace se dilate, ainsi la mesure de l'échelle de distance fournit une mesure du temps. Au début l'échelle était petite, dans la mesure où les objets étaient très proches puisque l'espace était très étroit, alors que maintenant ils sont très éloignés puisque l'expansion a fait son œuvre. Donc, l'espace c'est du temps. Par exemple, si l'on prend deux galaxies, toujours les mêmes, et qu'on les suit, que l'on mesure en permanence leur écartement, on a une mesure du temps. Mais si on inverse le propos, si on fait défiler le film à l'envers, et que ces galaxies se rapprochent jusqu'à se joindre, on a alors une estimation de l'âge de l'univers. Lorsqu'elles étaient ensemble, c'était le début, à tout le moins le début de l'expansion, ou plutôt le début de l'univers connaissable, ou encore le début du discours sur l'origine de l'univers, et non pas l'origine radicale qui reste indicible en ce sens que le temps zéro est un instant dans un temps qui n'existe pas encore.

E. M. — Mais il est recevable de supposer qu'avant le temps zéro, s'il y a des fluctuations dans ce vide primordial, ces fluctuations constituent de petits événements.

M. C. — Oui, mais la notion de temps ne s'applique pas à cette étape où l'univers est quasiment quantique. Les belles caravelles déterministes de la cosmologie, de notre pensée rationnelle classique, se perdent dans l'écume du temps parce qu'il se produit une véritable catastrophe conceptuelle — qui n'est peut-être pas définitive, pour la raison qu'elle est purement conceptuelle —, liée au fait que le temps lui-même devient une entité quantique et donc fluctuante. Mais si le temps fluctue comme la langue, on ne peut plus rien dire et donc penser.

De l'éternité et de l'entropie

E. M. — Là une chose, précisément, me semble étrange. Vous avez fait allusion à la non-localité ; au fait que, dans la microphysique, il n'y a pas de causalité locale. Or, de ce point de vue microphysique, tout ce qui a interagi dans le passé se trouve en connexion immédiate à une vitesse infinie. C'est-à-dire qu'à ce moment-là…

M. C. — … Mais il ne s'agit pas d'un signal physique, il y va plutôt d'une connaissance qui s'étend…

E. M. — … Une connaissance mais immédiate, qui dépasse la vitesse de la lumière. Cela signifie que tout ce qui est séparé est d'une certaine façon inséparable.

M. C. — C'est juste, mais je n'ai pas à cœur d'en parler.

E. M. — Nous le vérifions même, sans nous en rendre compte, dans l'épaisseur humaine de notre réalité sociale. Quand au sein d'une société on considère les individus, ils apparaissent manifestement séparés les uns des autres ; mais si l'on change d'optique, si on passe de l'individu à la société, lesdits individus semblent alors des appendices inséparables au sein de l'organisation sociale. C'est également le paradoxe de l'individu et de l'espèce : la notion d'espèce est une notion de continuité à travers la reproduction, à travers l'ADN ; mais chaque individu est très nettement séparé de tout autre individu y compris, et surtout, dans le temps. Autrement dit, tout ce qui est séparé est en même temps inséparable. Quel paradoxe ! Ne peut-on pas considérer dès lors que tout est dans le temps mais que tout ce qui est dans le temps est en même temps dans un au-delà ou en deçà du temps ?

M. C. — Tout ce qui est dans le temps n'existe pas vraiment, dirait un authentique platonicien. Mais, répliquerait un aristotélicien, la physique est la science du temps, le temps est la mesure du changement sans lequel il n'est pas de temps — ce qui revient à s'inscrire dans une vision totalement évolutive ou évolutionnariste des choses. Mais n'y a-t-il pas de l'éternité dans la physique comme en témoignent les lois de conservation ? Rien ne se perd, rien ne se crée, l'énergie est une quantité qui se conserve.

E. M. — Mais seulement à partir du moment où l'univers existe.

M. C. — Oui.

E. M. — Alors, serait-elle éternelle ?

M. C. — Pour la bulle il y a de la semi-éternité. Il y a de l'éternité dans le futur mais il n'y a pas d'éternité dans le passé puisqu'elle est née, semble-t-il. Mais qu'est cette naissance et quel est le destin de la bulle ? La notion cruciale, vous l'avez posée, est celle d'entropie. Au-delà de la question locale, pour un univers qui est totalement inhomogène, qui est infini, qui contient une infinité d'univers eux-mêmes infinis, peut-on appliquer les règles classiques de l'entropie qui s'adressent à des systèmes clos ? Cela, je l'ignore.

Quand meurent les astres

E. M. — Les règles classiques de l'entropie jouent cependant pour les différents systèmes organisés qui sont dans l'univers.

M. C. — Mais si l'univers est un bouquet infini de cosmos infinis ?

E. M. — … On ne pourra les faire jouer pour l'univers lui-même. Mais pour le système solaire…

M. C. — … Pas plus, parce qu'il est ouvert, que le Soleil est ouvert, que tout est ouvert. Partout s'établissent des communications et, puisque nous mentionnions les dimensions supplémentaires, la question se pose aussi à leur sujet. Tout fuit, à la manière d'un seau percé. Partout il y a des pertes, et rien n'est isolé. Dans de telles conditions, la fameuse loi de l'entropie est-elle applicable à l'univers multidimensionnel ? Et que dire, en conséquence, sur celle de la conservation de l'énergie ? Qu'est-ce d'ailleurs que l'énergie de l'univers ? Le sais-je moi-même ? L'énergie d'un système clos, d'un système défini, d'un objet, je réussis à me la représenter en utilisant les équations classiques de la physique. Mais le système que notre dialogue vise à explorer, c'est-à-dire le cosmos, je ne suis pas sûr qu'on puisse lui appliquer ne serait-ce que la notion d'énergie. Car l'entité pertinente en relativité générale n'est pas l'énergie mais un mixte d'énergie et de quantité de mouvements représenté par le tenseur énergie-impulsion.

E. M. — Reprenons cependant cette idée de clôture et d'ouverture. Il est certain que l'entropie est définie d'abord pour des systèmes clos mais elle a pu être généralisée dans des systèmes organisés, quand les physiciens ont commencé à réfléchir sur la vie à partir du deuxième principe de la thermodynamique. Schrödinger, pour ne citer que lui, s'est attaché au paradoxe selon lequel l'être vivant devrait normalement commencer à se dégrader dès sa naissance alors qu'au contraire il peut se développer. La solution, toute d'habileté en apparence, qu'il a trouvée a consisté à affirmer que le phénomène de décroissance d'entropie, ou de néguentropie, constatable en tel ou tel être, accroît néanmoins l'entropie de son environnement. Par exemple, le Soleil se constitue une réserve, se nourrit de lui-même, mais une fois qu'il aura dévoré sa matière il n'en finira pas moins par exploser et disparaître.

M. C. — Le Soleil ne va pas exploser, mais déposer un cadavre, qui s'appelle une naine blanche, quasi éternelle. On parle de la mort du Soleil, grave méprise. La mort d'une étoile est le passage, si l'on veut, d'une « perfection lumineuse » à une « perfection obscure ». Ainsi quelque chose demeure.

E. M. — Certainement, mais la mort d'un être vivant est le passage d'une organisation à des fragments dispersés. C'est-à-dire que rien ne meurt matériellement.

M. C. — Nous sommes des êtres mortels faits d'éléments immortels, en fait.

E. M. — Dont certains sont immortels. Il serait intéressant de savoir ce qu'il resterait de l'univers dans un tel état final de dispersion. Quelques énormes protons ?

M. C. — L'avenir à très longue échéance dépend en fait de l'éternité ou non du proton, support matériel de toute chose. Deux possibilités se présentent. Ou bien le proton est éternel, ou bien le proton est instable, ce qui n'est pas impensable. Certes, il a perduré jusqu'à présent. Mais les théories de grande unification font valoir que, en dépit d'une espérance de vie extravagante — qui s'écrit 10 puissance 35 années donc 1 suivi de 35 zéros ! —, *a priori* le proton n'est pas immortel. Par ailleurs les trous noirs que l'on croyait choses définitives, à l'image de la mort dans le ciel, s'évaporeraient et ne seraient plus ni trous ni noirs mais gris sur les bords. À terme, tout serait complètement défait, et ne subsisteraient que des photons et des neutrinos, formes éternellement stables puisque idéalement légères. Ce qui signifie que rien n'existe d'absolu. Ni mort absolue ni vie absolue. Ni néant absolu ni présence absolue.

E. M. — T. S. Eliot, en un vers fulgurant, dit que l'univers est appelé à mourir dans un chuchotement. Il est vrai qu'il n'y a pas de vie absolue, pas de mort absolue, mais relation inséparable entre ces termes.

M. C. — Exact, il n'y a plus de retour absolu du même. Et, à la lumière de la science, de la cosmologie contemporaine, le mythe athée de l'éternel retour n'est pas accrédité.

E. M. — Il est même, pour le moment, balayé. Si à la période de dilatation succédait une période de contraction, le nouvel univers ne serait pas le même.

M. C. — En toute probabilité, il ne serait pas nécessairement identique.

Le cercle et la spirale

E. M. — Aussi, l'erreur fondamentale de Nietzsche, penseur des plus profonds, des plus féconds, aux fabuleuses intuitions, demeure-t-elle…

M. C. — … Son idée de l'éternel retour.

E. M. — Un peu trop mécanique, rotative…

M. C. — … Mais il n'est pas le seul. Platon a fait de même avec sa théorie de la grande année, les Indiens aussi. Le temps a été conçu ou bien comme une flèche ou bien comme un cercle ; cependant triomphe actuellement la conception judéo-chrétienne de la flèche.

E. M. — Mais cette flèche a néanmoins pris une forme spiraloïde.

M. C. — Dans le cœur des hommes, un peu à la manière de l'évolution telle que conçue dans le marxisme, mais pas dans le cosmos.

E. M. — Cette forme de spirale donc, qui est une forme dans notre monde terrestre, est à la fois organisatrice et désorganisatrice. Il se crée des particules où des molécules rassemblées forment un tourbillon qui se maintient lui-même à travers, disons, le fait que les particules et les molécules se dispersent. Il y a un flux et une stabilité. Cette forme énergétique formidable, de la rotation tourbillonnaire, du reste, les humains ont voulu l'utiliser dans leurs moulins et turbines. Et cette forme spiraloïde, cette forme tourbillonnaire, il est frappant de la retrouver si fréquemment sur les photos que vous m'avez montrées de la formation des galaxies et des étoiles. L'important est ce moment où il y a une refermeture sur soi, c'est-à-dire où il se crée du soi. Pour qu'il y ait du soi, quelque chose qui soit une entité, il faut qu'il y ait une refermeture à moins de quoi la dispersion est sans fin.

M. C. — Vous dites en fait que l'au-delà est noué avec l'ici-bas. C'est bien agréable. Alors que nous avons vraiment exploré jusqu'à maintenant l'au-delà, nous en arrivons à l'idée que là-bas est comme ici, et qu'il est parfaitement inutile d'y chercher le paradis. Je ne sais s'il faut s'en réjouir, mais il n'y a plus d'ailleurs, tous les points se valent, le temps est plutôt linéaire et l'on ne reviendra pas à la douce chaleur de l'enfance. L'au-delà, qu'il soit platonicien ou autre, est ici.

E. M. — L'idée qui reste impensable à mes yeux est celle de la résurrection des corps, idée qui apparaît avec les pharisiens et Paul, au tournant de l'Empire romain. L'au-delà d'une vie au-delà de la mort me semble peu crédible, encore que je puisse maintenir des points d'interrogation. L'au-delà est déjà parmi nous. Tout l'univers que vous décrivez est un au-delà de nos sens immédiats.

M. C. — Nous ne sommes plus dans le désert des sens pour la raison que nous avons inventé des prothèses. Nous ne sommes plus dans le désert de l'esprit pour la raison qu'il y a beaucoup d'esprit dans cette matière-là.

La conscience comme émergence

E. M. — L'esprit, puisque nous ne sommes pas théistes, n'est donc pas à l'origine. Il est une émergence, une émergence d'émergence sans doute. Le français, malheureusement, et à la différence de l'anglais par exemple, a le même mot pour dire deux choses différentes : l'esprit, le principe mental, *the mind*, et l'esprit, le principe spirituel, *the spirit.* Mais l'esprit, dans le sens de *mind*, a émergé du cerveau à un moment de l'hominisation, au moment où le langage, où la culture ont été nécessaires pour que les virtualités de ce cerveau humain puissent devenir effectives. L'esprit émerge du cerveau parce qu'il y a société, culture, langage. Autrement dit, c'est la liaison entre le cerveau humain, la société et la culture humaines qui le fait émerger. L'esprit, une fois qu'il émerge, avec tout ce que cela comporte de psychisme, a en lui cette capacité réflexive. Il peut réfléchir sur ce qu'il sait, tel Montaigne réfléchissant sur lui-même. Ce que j'appelle l'esprit est donc cette capacité réflexive au deuxième degré de se distancier de soi et de se retrouver après cette distanciation. L'esprit, en sa réflexivité, apparaît alors comme l'émergence suprême. Il est sans doute la qualité suprême de l'être humain. Or tout ce qui est ultime est aussi ce qui est le plus précieux et le plus fragile — la fleur, la jeunesse, la beauté. La conscience fragilissime est en même temps la qualité la plus précieuse. Quand vous vous demandiez si l'homme est perfectible, la réponse est, je crois, qu'il ne peut s'améliorer qu'en améliorant sa conscience.

M. C. — Dans tous les cas, l'homme rachète l'amnésie cosmique par la science, puisque la matière qui pense, qui parle, c'est-à-dire vous et moi, se penche sur son passé de matière inerte, stellaire, nuageuse, et son passé de vide.

E. M. — Peut-être nous illusionnons-nous beaucoup sur notre capacité de mémoire. Bien qu'elle soit réelle, nous n'en oublions pas moins, sauf exception, chaque matin, les innombrables rêves que nous avons faits la nuit. Nous fonctionnons avec de l'amnésie. Nous ne savons pas ce que nous savons. Nous savons sans le savoir que nous avons en nous tout l'univers physique et biologique. Notre esprit ne le sait pas. Et là aussi je crois qu'il faut unir deux notions…

M. C. — … Le savoir et l'inconnaissance.

E. M. — La connaissance et l'inconnaissance, plutôt. Étant donné que notre mode de connaître s'est fondé sur des spécialisations multiples et séparées, sur la disjonction des éléments de connaissance de ce qui pourtant est un, par exemple le visage ou la condition humaine, nous avons besoin pour les comprendre de mobiliser la cosmologie, la microphysique, la physique…

M. C. — … Toutes disciplines auxquelles vous avez toujours réservé une grande place…

E. M. — … Mais aussi les sciences biologiques, bien entendu les sciences humaines qui elles-mêmes sont séparées les unes des autres, et enfin la littérature et la poésie. Il s'agit de tenter de tisser, de chercher à retrouver un visage humain sans annuler toutes ces difficultés, toutes ces zones d'ombre, mais à travers elles, en reliant les connaissances qui ont été produites dans ces différentes sciences. Je pense qu'on peut le faire, et j'ai essayé de l'accomplir dans mon livre *L'Identité humaine.* Bien entendu, le travail demeure inachevé et dans un sens inachevable mais peut toujours être continué, certains éléments pouvant éventuellement être détruits, remplacés par d'autres au fur et à mesure de l'évolution des connaissances. Aujourd'hui, l'impératif est bien de relier l'humain — tout en reconnaissant son originalité, sa spécificité, son unicité — à sa nature animale et biologique et à sa nature physique et cosmique.

M. C. — Ce qui rejoint un de mes rêves, une de mes intentions profondes qui, malheureusement, est parfois incompris dans le cénacle de l'astrophysique. J'appelle de mes vœux un humanisme stellaire et prétends donc que nous gravissons une pente très escarpée, nous physiciens, mais que le sommet est déjà occupé, par les poètes et les mathématiciens. Certains en tombent à la renverse d'effroi, moi, je m'en réjouis. Permettez-moi donc de dire que je vois en vous un marrane copernicien.

E. M. — J'accepte la formule qui, sachez-le, me fait plaisir.

5

VERS L'*ANTHROPO-COSMOS*

L'expansion, le freinage et l'accélération

MICHEL CASSÉ — Pour revenir à de plus justes proportions, j'aimerais établir ici un bilan général de la cosmologie, une sorte d'inventaire de l'univers, en partant de l'observation. Les atomes sont comme des violons. Ils émettent des notes de lumière comme les instruments émettent des notes de musique. Nous avons appris à lire leur portée musicale en étudiant, dans les laboratoires, les flammes et les éclairs artificiels qu'on peut produire par des décharges électriques. Chaque atome possède en fait sa signature — ce qu'on appelle les raies d'émission ou d'absorption.

En d'autres termes, quand on décompose la lumière, on voit apparaître, dans ce qu'on appelle le spectre, des signatures claires d'atomes variés qui ne sont, ni plus ni moins, que les atomes qui composent notre corps. Pourquoi, dès lors, se déplacer puisque la lumière vient à nous ? C'est une apologie de la paresse. Mais quand on observe la lumière qui provient des galaxies lointaines, celle-ci est décalée. Les longueurs d'onde, donc les notes de la partition, sont légèrement décalées comme l'est le sifflement d'un train qui vient vers nous : quand il se dirige vers nous, la note est plus aiguë et, quand il s'écarte, la note est plus grave. Il en va de même pour la lumière. Nous avons donc acquis la conviction que l'univers est en expansion parce que la lumière des galaxies lointaines est décalée vers le rouge. Elle est plus rouge que celle que l'on observe pour les mêmes atomes dans nos laboratoires. Dire, par exemple, qu'une étoile est à quatre années-lumière signifie que la lumière qui nous atteint a mis ces quatre années pour nous arriver. Il y a là un anachronisme. Plus on observe loin, donc à décalages spectraux élevés, et plus on remonte le temps. Et ainsi se lit de proche en proche l'histoire de l'univers. Mais, d'autre part, la vitesse de récession des objets — puisque les galaxies semblent s'écarter de nous — augmente en fonction de leur distance. On peut établir une sorte de lien entre le décalage spectral et l'expansion de l'espace. Mais, récemment, en étudiant ces étoiles explosées qu'on nomme des supernovae, et qui sont comme des phares nous permettant de jalonner l'univers, nous avons réalisé que l'expansion de l'univers s'accélère. Jusque-là, nous pensions que l'expansion de l'univers allait se ralentir sous l'effet de l'attrait de la matière pour la matière, qu'on appelle la gravitation. Il y a donc un agent qui accélère l'expansion de l'univers. L'univers est doté d'un frein qui est l'attraction de la matière, mais aussi d'un accélérateur. C'est une superbe Cadillac.

EDGAR MORIN — Qui appuie sur les deux pédales à la fois.

M. C. — Voilà. Cet univers, en rien simple, a des capacités d'accélération et de rétraction. Mais il s'avère que l'époque actuelle est à l'accélération. Nous en sommes à une heure de diaspora. Une diaspora cosmique se soldant par un écartement certainement irréversible des galaxies à moins que l'accélérateur subisse une avarie. Les physiciens et cosmologistes des temps nouveaux sont donc les annonciateurs de grandes nouvelles, de nouvelles d'envergure cosmique, ni bonnes ni mauvaises, et ils s'en vont par tous les chemins, proclamant l'expansion éternelle des trois dimensions de l'espace qui nous sont perceptibles. Quant aux dimensions cachées, si elles existent, ils ne peuvent en parler, ignorant pour l'instant leur histoire qui est complètement séparée. Cependant, les théoriciens du microcosme déclarant *urbi et orbi* l'existence de six à sept dimensions de l'espace, complètement inapparentes, insoupçonnées, cela mène à penser que l'effectif de dimensions de l'espace-temps est de dix ou onze. Ces nouveautés astrophysiques et cosmologiques ne peuvent que réjouir les Giordano Bruno en herbe, les hommes aux semelles de vent. La tendance, je l'ai dit, est résolument à la diaspora, au décentrage progressif, à la multiplicité subtilement unique, pour reprendre vos termes. À l'échancrure du Un aux univers multiples, à l'embouchure des « plurivers » pour jeter le mot.

Au plan affectif et humain, l'univers gémit de se voir séparé en individus, et les peuples ont perdu la joie de leur enfance. Le réveil des esprits sera le commencement d'une nouvelle histoire du monde.

Les dimensions à venir

E. M. — Là, nous nous trouvons, de manière décisive, face à cet univers étrange. D'une part, nous savions que le Soleil est mortel, nous savions que la vie est mortelle, nous savions que l'humanité est mortelle, mais là c'est notre cosmos qui se découvre mortel ; il est né et mourra. Nous avons donc le même destin qui se mesure seulement en des échelles de temps tout à fait différentes. D'autre part demeure cette question importante, dont on ne sait si elle est énigme qui pourra être déchiffrée ou mystère qui restera inconnu, sur l'existence de six ou sept dimensions supplémentaires qui peuvent donner lieu aux rêves les plus fous.

M. C. — Que se trame-t-il donc dans ces dimensions ? L'arrière-monde dimensionnel est en cours d'investigation. Il n'est pour le moment que pure nécessité logique, comme les neutrinos avant qu'on les découvre.

E. M. — Seule certitude, la notion même de réalité se trouve ainsi affectée par la cosmologie. Affectée et mise en cause. D'abord elle se fragmente en plusieurs types ou niveaux de réalité. Il en est un microphysique ; il en est un autre, le nôtre, qu'on appelle macrophysique ; et un autre, encore, qu'on pourrait dire mégaphysique ou cosmophysique. Ensuite il y a ce vide, degré de réalité à la source de tout, qui met radicalement en question notre réalité car s'il a quelque réalité que reste-t-il de la nôtre ? Cela me fait penser à l'œuvre d'un Fang Yi Si, ce penseur chinois qui, au XVIe siècle, a tâché d'unifier la pensée bouddhique et la pensée taoïste. Deux idées particulières se confrontaient : d'un côté, le *samsara*, le monde des phénomènes qui a sa réalité mais qui n'est pas pleinement réel ; de l'autre, le *nirvana*, le monde sans forme, analogue à notre vide, qui est pleinement réel bien que par ailleurs il n'ait pas de réalité. Qu'affirma Fang Yi Si ? Que le *samsara* et le *nirvana* sont deux polarités du même. Ce que nous pourrions dire, à notre tour, du vide primordial et de l'univers matériel. Mais que signifie, alors et enfin, sur le plan humain, comprendre notre nouvelle affinité avec l'univers puisque lui aussi, le pauvre, est mortel ? Le problème du degré de réalité de nos vies qui nous semblent ce qu'il y a de plus réel a été posé depuis longtemps par les philosophes et les écrivains. Voyez Calderon dans cette pièce merveilleuse, *La Vie est un songe*, où à la fin le héros ne sait plus s'il rêve ou s'il s'est éveillé. Voyez cette formule si dense d'Héraclite qui m'a toujours frappé, peut-être l'une des plus fortes de toute la bibliothèque philosophique : « Éveillés, ils dorment. » Cette formule, nous en pressentons immédiatement la vérité quand nous pensons que toute une part énorme de nous-mêmes est somnambule. Notre cœur fonctionne de lui-même sans qu'on en ait conscience. Notre cerveau — moi-même au moment où je vous parle — fonctionne automatiquement avec des myriades de chocs synaptiques. Il est tant de choses que nous faisons à la manière dont Büchner nous définit magnifiquement dans *La Mort de Danton* : « Nous sommes des marionnettes agitées par des forces inconnues. » D'ailleurs, quand nous rêvons, nous ne pensons pas que nous rêvons, nous n'en avons qu'un savoir consécutif, ultérieur. Ne sommes-nous pas là dans une sorte de *samsara* ? Ce que les mystiques voient dans une extase sans forme est une réalité absolue mais qui elle-même est vide. Le sentiment que j'en retire est que notre réalité profonde, à nous humains, réside dans l'affectivité, c'est-à-dire dans l'amour, dans l'amitié, dans la souffrance, dans le rire, dans le sourire.

M. C. — Nous sommes des hallucinés de l'arrière-monde, en effet, selon l'accusation que Nietzsche porte contre Platon, bien que cet arrière-monde soit visible, contrairement à ce qu'on peut penser. Mais vous parliez de deux polarités que je traduirais, en tant que physicien, comme la division entre la relativité générale et la mécanique quantique sans omettre pour autant la promesse de reliance qui existe aussi entre elles. La perspective des six ou sept dimensions supplémentaires doit être saisie telle une offrande qu'il faut savoir accepter. Car, selon vos propres termes, la dictature de la simplification disjonctive et réductrice s'en trouve renversée.

Connaître autrement

E. M. — Si tout ce qui disjoint, autrement dit sépare, est tout ce qui réduit des ensembles à leur base constitutive, j'appelle cela la simplification. Et c'est cela qui semble aujourd'hui condamné bien que l'on puisse trouver quelques principes et lois simples qui régissent notre univers, lesquels sont fondés, non pas sur un sol, une terre ferme, dirais-je, mais sur du vide ou, tout au plus, de la vase. Popper, déjà, affirmait que les théories scientifiques en tant que théories sont fondées sur des pilotis qui eux-mêmes reposent sur une telle vase. Toute la conquête, la grande conquête de la pensée contemporaine qui commence avec Nietzsche que vous venez de citer, tient à la découverte qu'il n'y a pas de fondement premier de toute vérité, de fondement de certitude. Jusqu'à la déclaration nietzschéenne, les penseurs de l'Occident l'ont cherché obstinément en Dieu puis ont erré désespérément une fois qu'ils ont perdu Dieu. Ils ont alors voulu croire que la science avait un fondement de certitude. Mais, hormis les certitudes examinées dans les faits, il est apparu qu'elle ne délivrait pas plus de certitude fondamentale. Tous les grands philosophes des sciences, Bachelard, Popper, Lakatos l'ont montré.

M. C. — Et Gödel pour les mathématiques.

E. M. — Nous voilà donc dans un univers sans fondement et ce « sans fondement » ressemble étrangement, du point de vue conceptuel, au vide premier et fondamental. Remarquez bien, et vous êtes le premier à le savoir, que nous pouvons penser et connaître sans fondement. Le mot fondement renvoie à une métaphore architecturale, ontologique, alors que, dans le fond, nous pouvons penser et connaître sur le modèle de la symphonie musicale, qui ne touche pas plus terre, commence avec le mouvement, se déploie dans l'orchestration, laisse les instruments se répondre. Je pense que la connaissance et la pensée sont de cet ordre-là. Il faut apprendre, je crois, à vivre sans fondement, leçon que nous ont donnée Nietzsche à la fin du XIXe siècle, Popper et les autres au milieu du XXe siècle, et que nous donne aujourd'hui le cosmos. Il y a un fondement sans fondement.

M. C. — Toute présomption réaliste en ressort impossible, comme le souligne ce vers d'Apollinaire qui me vient à l'esprit : « Glissez ponts sur les eaux. » En fait, l'esprit renonce à l'absolu au sens où, ainsi que je le disais, ce qui existe absolument n'existe absolument pas.

E. M. — Mais le dira-t-on aussi, par exemple, de nos amours ? L'amour, qui existe absolument pour celui qui aime, ou pour le couple au sein duquel l'un aime l'autre, cet amour-là, donc, n'existe-t-il absolument pas ?

M. C. — L'absolu de l'amour est dans le renoncement de soi. Or soi est un autre.

E. M. — Là aussi, il n'est donc pas requis d'absolu absolu. Mais à parler d'amour, parlons de poésie, puisque vous employez naturellement un langage poétique pour évoquer le cosmos. Une poésie que vous n'ajoutez pas à l'univers pour le parer d'un joli costume, mais dont vous montrez, tel un révélateur, qu'il en est chargé, et de manière fabuleuse. Cela nous incitera peut-être à entretenir la qualité poétique de nos esprits, mais soulignera encore plus combien, pour comprendre ou plutôt pour raisonner, une fois que l'on a les connaissances nécessaires obtenues au moyen de calculs, de lunettes d'observation, s'impose la résonance poétique. Nous le sous-entendions en parlant de cette violence, de cette cruauté, et en même temps de cette reliance, de ces affinités multiples qui jouent dans l'univers. Il faut maintenir cette idée, non pas pour nous noyer dans cet univers en nous y dissolvant, non, mais pour rester des humains, ces êtres très singuliers, très curieux, que nous sommes, comme disait Monod, tziganes de l'univers et dans le même temps intégralement ses enfants.

M. C. — Je persiste à dire qu'il faut parer les vérités utiles de formes agréables. Ce qui manque à la science, est une certaine forme de générosité. Or la mission de l'homme de science est triple : il doit d'abord chercher — mais c'est là son métier —, ensuite découvrir — mais les voies de la découverte sont impénétrables —, et enfin dire — nous devrions tous être animés par l'instinct profond d'un devoir sacré qui est le partage du trésor. Il n'y a trésor que s'il peut être partagé. Or le trésor le plus inestimable n'est autre que la connaissance. Quant à l'émerveillement poétique que suscite l'univers, émerveillement là encore partagé, puisque le ciel constellé n'a cessé d'allumer la passion des hommes en quête de clarté, sur ce secret donc, Van Gogh écrivait à son frère Théo : « Cela remue la question éternelle, la vie est-elle tout entière visible pour nous ou bien n'en connaissons-nous qu'un hémisphère ? La vue des étoiles me fait rêver aussi simplement que me donnent à rêver les points noirs représentant sur la carte géographique villes et villages. Pourquoi, me dis-je, les points lumineux du firmament seraient-ils moins accessibles que les points noirs sur la carte de France ? » Faut-il ajouter un mot à cela ?

La chair du monde

E. M. — Là encore perce cette sorte de réciprocité, de boucle au sein de l'esprit, qui part de nous, de ce cercle, va vers le ciel, revient du ciel sur nous. Peut-être l'un des aspects majeurs de la poésie est-il d'entretenir en nous cette capacité de circularité, lorsque nous sommes renvoyés aux étoiles que nous regardons dans la nuit, et ces étoiles nous renvoient, à leur tour, à nous-mêmes et ainsi de suite.

M. C. — Ce ne sera point ajouter aux mots de Van Gogh que de citer en contrepoint Poincaré, si j'ose dire. Le savant renforce la parole de l'artiste lorsqu'il affirme que le Un est plus souriant et complice que jamais : « La nature est un incomparable chef-d'œuvre dont la beauté vient du contraste entre la variété des apparences et l'unité profonde de la réalité sous-jacente. »

E. M. — À cela, je répliquerai toutefois que le point central est l'Un qui contient ou produit le divers. Je ne dirais ni l'Un supérieur à la variété qui est apparence ni, comme ceux qui font des classifications et perdent le sens de l'unité, la variété plus importante que l'Un. Nous nous retrouvons soumis toujours à cette sorte d'alternative à cause de la façon dont on nous a appris à penser, et cela a commencé dès l'Antiquité : ou bien on voit l'Un et l'on ne voit plus le divers ; ou bien on voit le divers et l'on ne voit plus l'Un. Or, en réalité, il faut poser l'Un multiple, l'*unitas multiplex.* Tel est le mystère de notre univers, totalement un, tout à fait multiple.

M. C. — Il est *omniversum.*

E. M. — Voilà, exactement.

M. C. — Et donc il est un et multiple.

E. M. — Il est un et multiple à la fois.

M. C. — Je me pose cependant la question de savoir pourquoi il y a un seul 2. Si 2 égale 1, 2 et 2 ne font pas 4.

E. M. — Je suis incapable de répondre à cette question.

M. C. — Moi aussi.

E. M. — Mais Dostoïevski remarquait que cela l'ennuyait que 2 et 2 fassent toujours 4 et l'idée que 2 et 2 puissent faire 5 lui paraissait une chose charmante. C'est néanmoins Lautréamont qui a exalté la beauté des mathématiques — « Ô mathématiques sévères » — et a laissé toute une page lyrique là-dessus. Aussi la poésie ne doit-elle pas être considérée comme une entité séparée. Il y a une poésie, et une poésie profonde de la mathématique. Voyons la poésie partout où elle vide en quelque façon, il faut alors considérer que sont nées aussitôt, du cœur de cette catastrophe, des tentatives pour essayer de la ralentir, de la corriger. Et ces tentatives pour la ralentir, la corriger, ce sont évidemment les grandes lois de l'univers, les interactions, les reliances, ce sont les contractions gravitationnelles, ce sont les étoiles qui vivent elles-mêmes dans un temps rotatif. Autrement dit, tout ce qui essaie de vivre, d'arriver à l'existence, c'est-à-dire de lutter contre la mort, vit dans le temps rotatif. Mais on a eu tendance à oublier que le temps irréversible est. Les Aztèques ont ainsi vécu dans le temps rotatif mais lorsque sont arrivés les conquistadors espagnols, le temps irréversible a détruit leur civilisation, en décrétant sa fin.

M. C. — Mais le temps irréversible n'annule pas pour autant ce désir d'éternité qui naît de la contemplation des étoiles. Je laisse aux philosophes le soin d'en discourir. Cependant, et notre dialogue montre que vous-même en êtes convaincu, cher Edgar Morin, je trancherai là volontiers le cercle de la métaphysique en ayant la faiblesse de considérer, pour une fois et une seule, qu'en nous ouvrant à la célébration de l'*anthropo-cosmos*, la physique va au-delà de la métaphysique.

POSTFACE

Dans la suite de nos premières rencontres à Beychevelle, ce livre s'est d'abord voulu un banquet. J'ai été heureux de retrouver en Edgar Morin le plus lettré des convives, vigile et berger de son temps, et de recueillir de sa bouche les réflexions que suscitent les solutions cosmologiques modernes à des énigmes aussi vieilles que les civilisations. Ensemble, nous avons plongé dans le fleuve cosmologique. Et, comme au retour du bain, nous avons donc disserté des étoiles, sous les oliviers dans un parfum d'été antique.

Le ciel-cosmos résonne, on l'a vu, de questions immémoriales : la création s'est-elle faite une fois pour toutes et toute en une fois ? Comment l'Un s'est-il brisé en multitude ? Reste-t-il des vestiges de l'Un en ce bas monde ? Qu'y avait-il avant le big-bang ? L'univers est-il fini ou infini ? Son expansion se poursuivra-t-elle sans rémission ? La mort thermique de l'univers est-elle inéluctable ? Le cosmos est-il unique ?

Mais de toutes ces questions, l'une particulièrement m'est restée en viatique sur le chemin du retour. En rappelant par deux fois le rituel aztèque des sacrifices humains au Soleil, Edgar Morin ne m'invitait-il pas à déterminer si la mort thermique de l'univers est ou non inéluctable ? Une interrogation des plus modernes rejoignait ainsi une angoisse des plus archaïques. Les réflexions qui suivent, cependant, tâchent moins d'apporter à l'une et à l'autre une réponse que de circonscrire un champ de recherches.

Le trou noir, d'abord. Est-il un monde, un cosmos masqué ? Je ne suis pas loin de le penser. Mais je n'en sais rien. Trou noir dans ma connaissance. Quant au proton, est-il un monde ? Il y a du monde dans un proton, assurément : des quarks, des gluons, des particules messagères, en relations complexes... Peut-on appeler cosmos un proton ? Le proton partage avec le cosmos le même espace-temps et les mêmes influences (forces). Proton est donc fragment de cosmos. Peut-on donner une définition plus stricte du concept ? Assurément.

Un *cosmos* est défini comme espace-temps, pourvu d'un certain nombre de dimensions, domaine d'activité d'une série de particules élémentaires d'identité précise et subordonnées à des forces déterminées, elles-mêmes véhiculées par des particules ancillaires. Le nôtre peut être caractérisé par la liste suivante : trois dimensions d'espace, une de temps ; trois familles de particules dont une seule est viable et dont les membres forment couples (quark u et d, neutrino et électrons). Ces particules, véritables pierres de construction du monde, sont mises en relation par quatre forces différenciées, qui n'en faisaient peut-être que deux ou même une dans le passé lointain, et dont les agents sont les photons, les gluons, les bosons intermédiaires et les hypothétiques gravitons.

L'entropie, elle, est une mesure du nombre d'états microscopiques possibles à une énergie donnée. Ainsi, si une seule entité (champ ou particule) concentre toute l'énergie, l'entropie est basse. Si, en revanche, elle se divise pour donner une multitude de particules, l'entropie est haute. Cet accroissement d'entropie (transformation du un en multiple) semble prévaloir dans tout l'univers observable. Le Soleil en donne la preuve la plus éclatante : l'énergie émise sous forme de rayons gamma par le truchement des réactions nucléaires émerge à la surface de l'astre sous forme d'une multitude de grains de lumière caressant l'œil. Les rayons gamma de très haute énergie se sont pour ainsi dire divisés en multiples photons visibles. De ce fait, l'entropie a augmenté.

Plus le nombre de particules est élevé, et plus l'entropie est élevée. Dans un système clos, sans relation avec l'extérieur, dont le plus bel exemple est bien évidemment le cosmos, elle est vouée à rester constante ou à augmenter. Elle ne décroît jamais, tel est en substance le second principe de la thermodynamique. L'énergie tombe en cascade pour prendre des formes de plus en plus futiles, de moins en moins utilisables.

L'ordre se constitue dans ce qui brille : en effet, la lumière transporte au loin le désordre. Et l'objet brillant se structure intérieurement.

Un trou noir est un puits où se perd l'information : toute la structure ouvragée et complexe des choses qu'il avale, fleurs, verres de cristal, chevaux, porte-avions est transformée en bouillie indistincte, indéchiffrable. Toute matière happée par un trou noir perd ses attributs distinctifs. Mais en retour le trou noir régurgite des photons de haute entropie si l'on en croit Hawking. L'information qui se perd dans un trou noir est proportionnelle à la surface de son horizon (sphère de non-retour = $2GM/c^2$). La formule du rayon de l'horizon d'un trou noir est à peine plus difficile à retenir que $E = mc^2$ que l'on récite comme un petit poème. Il est égal à deux fois le produit de la constante de la gravitation universelle (G) par la masse du trou noir divisé par le carré de la vitesse de la lumière. À titre d'application numérique, prenez la masse du Soleil ($2\ 10^{33}$ g), vous obtiendrez un rayon de 3 km.

L'information engloutie dans le trou noir est proportionnelle à la surface de la sphère de non-retour (horizon). Cette surface est donc une mesure de son entropie. Lorsque deux trous noirs se heurtent, ils fusionnent pour former un trou noir unique dont l'horizon est supérieur à la somme des horizons initiaux. On peut facilement s'en assurer.

La masse du trou noir résultant est la somme des masses des trous noirs individuels $M = M_1 + M_2$, le rayon de l'horizon final est proportionnel à M, c'est-à-dire $(M_1 + M_2)^2$ qui est plus grand que $M_1^2 + M_2^2$. On voit immédiatement que la surface de l'horizon du trou noir formé par la réunion des deux trous noirs individuels est supérieure à la somme des surfaces de leurs horizons. Ainsi, à l'instar de l'entropie, la surface de l'horizon des trous noirs ne peut décroître. Un trou noir ne peut jamais se diviser en deux, sinon la surface totale de l'horizon diminuerait. On en infère que cette surface est une mesure de l'entropie. Au-delà de cet argument simple, la pensée se fait brumeuse. Malgré de splendides avancées imputables à la théorie des supercordes, le soupçon pèse sur la valeur de l'entropie des trous noirs et donc sur celle de l'univers qui les contient.

Je reste dubitatif sur le fait que l'on confère une entropie à l'horizon immatériel des trous noirs. À partir du moment où on les retranche du discours, où on abolit leur noirceur conceptuelle, la situation s'éclaire.

Le cosmos a changé de face à plusieurs reprises et cela de manière radicale. Au commencement, il y bien longtemps (14,7 milliards d'années), il était constitué d'un champ très pur qui vécut de manière fugace, V, le Vide quantique, puis un épais mélange de particules a pris sa place, dont il n'est resté que les plus légères, photons et neutrinos, avec, à titre de grains de poivre, les nucléons et électrons. L'immense énergie libérée par la désintégration du premier vide (Λ) (faux vide dont nous devrions chanter les métamorphoses) se retrouve donc aujourd'hui essentiellement sous forme de photons et de neutrinos cosmiques refroidis par l'expansion de l'univers. Ce qui ne veut pas dire qu'ils gouvernent le destin de l'univers, car leur densité d'énergie est aujourd'hui infime par rapport à celle de la matière noire et de la quintessence (énergie noire). Ils constituent cependant la quasi-entièreté de l'entropie de l'univers observable. Le rayonnement cosmologique fossile et le fond de neutrinos fantômes, qui nous semblent si insignifiants aujourd'hui, sont les vestiges de l'énergie inimaginable qui a existé dans l'univers primordial, alors que la matière qui tant nous impressionne est le résultat d'une infime différence de comportement (entre matière et antimatière qui a tourné au détriment de cette dernière) qui alors, en ce temps-là, n'avait aucune importance.

Le nombre de photons et de neutrinos, particules légères et stables, est constant, ou peu s'en faut, mais leur énergie (longueur d'onde) ne l'est pas. La longueur d'onde s'étire au diapason de l'expansion de l'espace. Si bien que, si l'on inverse la flèche du temps, l'énergie par centimètre cube des photons et neutrinos d'espace augmente au point de dominer toutes les autres. Au commencement est la lumière, que restera-t-il à la fin ?

Une théorie de la genèse, fût-elle le big-bang, appelle nécessairement une théorie de l'apocalypse et de la fin dernière. Cela dit, pour engager le discours sur la fin, remettons donc sur le métier la sempiternelle question de l'*entropie de l'univers*, et de sa *mort thermique*.

Précisons d'abord les termes. L'entropie, comme nous l'avons dit, est une mesure du nombre de manières d'être d'un système physique isolé, d'énergie donnée. Plus le système s'atomise, se divise en objets distincts, et plus son entropie est élevée, plus il peut prendre de configurations microscopiques variées sans modifier son apparence extérieure. Les physiciens associent traditionnellement la notion d'entropie à celle de désordre.

Mort thermique signifie uniformité de température et cessation de toute activité créatrice dans le cosmos, car les différences de température (gradients) sont nécessaires pour que l'évolution se poursuive. Ainsi, si le ciel était aussi chaud que les étoiles, celles-ci ne rayonneraient pas. Or briller, pour une étoile, est une nécessité absolue.

Les questions d'apocalypse ou de mort lente, afférentes à l'univers, je les aborderai sans grande conviction, cette fois, car je reste agnostique sur la notion d'entropie appliquée aux objets très spéciaux (et quelque peu apparentés) que sont l'univers et le trou noir. Ne peut-on rien dire de sensé sur l'entropie du cosmos ? On peut dire beaucoup de choses, trop peut-être. La langue fourche. Voilà le hic.

En premier lieu on peut afficher la position suivante, sans grand risque de se tromper : le nombre de photons dans le cosmos est une mesure de l'entropie de l'univers observable (si pour le moment on met de côté les trous noirs) et celui-ci reste constant, à très peu de chose près. Ce qui signifie que le cosmos a atteint son état d'équilibre définitif, en quoi il est mort (ou presque) depuis sa naissance, ou plus précisément depuis la fin de l'inflation cosmologique, où toutes les particules furent engendrées.

Dans cet ordre d'idée, on pourrait dire que le cosmos est quasi mort car l'entropie ajoutée par le rayonnement des étoiles et des trous noirs est négligeable par rapport à celle que recèlent ses photons et neutrinos originels, issus de la transmutation du Vide premier, père de toutes choses, en particules.

Une autre position possible est la suivante : la matière et le rayonnement ont une température qui décline différemment en fonction du facteur d'échelle qui mesure l'agrandissement de l'univers sous l'effet de l'expansion ($1/R^2$ et $1/R$, respectivement), de ce fait il ne peut y avoir de température unique pour les deux composantes. Et donc pas d'équilibre thermique. Auquel cas il est vain d'attendre une mort thermique qui n'aura jamais lieu.

Malgré ma prévention, la perspective la plus exaltante et peut-être la plus pertinente est l'application à l'univers de la loi de la thermodynamique des trous noirs. Ce rapprochement peut sembler étrange, mais on est surpris de constater que si l'univers n'est pas un trou noir, il n'est pas loin de l'être. Le rayon de l'univers observable est proche de celui de l'horizon d'un trou noir de même masse, à un facteur 2 près (faites vous-même le calcul). On attribue à l'horizon une entropie proportionnelle à son aire.

L'analogie entre surface de l'horizon et entropie nous y a conduits : ni l'une ni l'autre ne peuvent décroître. Lorsque deux trous noirs M_1 et M_2 se fondent, la surface de leur horizon (proportionnelle au carré de la somme des masses) est supérieure à la somme des aires des horizons individuels (proportionnelle à la somme des carrés des masses).

Cette similitude de comportement a poussé Jacob Bekenstein à généraliser la seconde loi de la thermodynamique et à l'édicter ainsi : *la somme de l'entropie des trous noirs et de l'entropie de la matière extérieure ne décroît en aucune circonstance.* Cette loi prend une forme plus précise après la découverte de Hawking selon laquelle un trou noir rayonne à une température inversement proportionnelle à sa masse. On prend acte du fait que le trou noir n'est ni trou ni noir, mais gris sur les bords, mais on déchante bien vite : l'entropie calculée d'un trou noir de masse solaire (3 km de rayon) atteint le chiffre extravagant de 10^{78}, ce qui fait reculer d'effroi !

Mais ce n'est pas la seule difficulté. Tout ce qui tombe dans un trou noir perd ses attributs distinctifs. L'ignorance s'accroît, l'information se perd, l'entropie augmente… mais cela doit être amendé à partir du moment où l'on admet, comme Hawking, que les trous noirs se mettent à rayonner lorsqu'on introduit un élément quantique dans leur description. Toutefois, si ces objets rayonnent, ils perdent de la masse, donc le rayon de leur horizon (proportionnel à celle-ci) se résorbe, et dans ces conditions, ce qu'ils ont à l'intérieur doit réapparaître au grand jour. Mais quand ?

Trou noir dans la connaissance, avais-je dit en entamant ces réflexions qui n'ont pas qualité de traité, mais entendent suggérer la complexité d'un questionnement. Rideau, donc ? Non. Comme nous avons tâché de le montrer, l'univers, qu'il soit ou ne soit pas fini, ne peut que nous inspirer, à nous, enfants du ciel, des entretiens infinis. L'univers est verbe. Nous demeurons au monde, si loin que soit poussé le voyage dans et hors de lui.

Michel CASSÉ

BIBLIOGRAPHIE SÉLECTIVE

Des mêmes auteurs

Michel Cassé

Conversation sur l'invisible (avec Jean Audouze et Jean-Claude Carrière), Paris, Belfond, 1987 ; Paris, Plon, 2000 ; coll. « Pocket », 2002.

Du vide et de la création (1993), Paris, Odile Jacob, 2001.

Théories du ciel, Paris, Payot, 1999.

Généalogie de la matière, Paris, Odile Jacob, 2000.

Petite Étoile (avec Élisabeth Vangioni-Flam et Jean-Claude Carrière), Paris, Odile Jacob, 1999.

Edgar Morin

L'Homme et la Mort, Paris, Seuil, 1951 ; coll. « Points », 1977.

Le Cinéma ou l'homme imaginaire (1956), Paris, Minuit, 1978.
Le Paradigme perdu : la nature humaine, Paris, Seuil, 1973 ; coll. « Points », 1979.
L'Unité de l'homme (avec Massimo Piatelli-Palmarini), Paris, Seuil, 1974 ; coll. « Points », 1978.
La Méthode. Tome 1 : La Nature de la nature, Paris, Seuil, 1977 ; coll. « Points », 1981.
La Méthode. Tome 2 : La Vie de la vie, Paris, Seuil, 1980 ; coll. « Points », 1985.
Science avec conscience, Paris, Fayard, 1982 ; coll. « Points », 1990.
Sociologie, Paris, Fayard, 1984 ; coll. « Points », 1994.
La Méthode. Tome 3 : La Connaissance de la connaissance, Paris, Seuil, 1986 ; coll. « Points », 1991.
Arguments pour une méthode. Colloque de Cerisy autour d'Edgard Morin, Paris, Seuil, 1990.
Introduction à la pensée complexe, Paris, ESF, 1990.
La Méthode. Tome 4 : Les Idées, Paris, Seuil, 1991.
L'Intelligence de la complexité (avec Jean-Louis Le Moigne), Paris, L'Harmattan, 1999.
La Méthode. Tome 5 : L'Identité humaine, Paris, Seuil, 2001.

Autres lectures utiles

M. Cazenave (sous la dir. de), *Dictionnaire de l'ignorance*, Paris, Albin Michel, 1998.
T. Damour et J.-C. Carrière, *Entretiens sur la multitude du monde*, Paris, Odile Jacob, 2002.

J. EINSENSTAEDT, *Einstein et la relativité générale, Les chemins de l'espace-temps*, Paris, CNRS, coll. « Histoire des sciences », 2002.

A. FRIEDMANN, et G. LEMAÎTRE, *Essais de cosmologie*, précédés par J.-P. Luminet, *L'Invention du big-bang*, Paris, Seuil, 1997.

B. GREENE, *The Elegant Universe*, Londres, Jonathan Cape, 1999.

M. GRIBINSKI (sous la dir. de), *La Fabrique de l'origine*, Paris, Autrement, 2001.

E. HARRISSON, *Cosmology*, Cambridge, Cambridge University Press, 2000.

E. KLEIN et M. LACHIÈZE-REY, *La Quête de l'unité, l'aventure en physique*, Paris, Le Livre de Poche, coll. « Biblio Essais », 2000.

E. KLEIN, *Le Temps existe-t-il ?*, Paris, Le Pommier, 2002.

E. KLEIN, *Les Tactiques de Chronos*, Paris, Flammarion, 2003.

M. LACHIÈZE-REY, *Au-delà de l'espace-temps*, Paris, Le Pommier, 2003.

M. LACHIÈZE-REY et J.-P. LUMINET, *Figures du ciel*, Paris, Seuil/Bibliothèque nationale de France, 1999.

R. LEHOUCQ, *L'Univers a-t-il une forme ?*, Paris, Flammarion, 2002.

J.-P. LUMINET, *L'Univers chiffonné*, Paris, Fayard, 2001.

J. MERLEAU-PONTY, *La Science cosmologique*, textes organisés et présentés par M. Paty et J.-J. Szczeciniarz, Les Ulis, EDP Sciences, 2003.

B. PIETTRE (sous la dir. de), *Le Temps et ses représentations*, Paris, L'Harmattan, 2001.

H. Reeves, *Dernières Nouvelles du Cosmos*, Paris, Seuil, 1999.

M. Riordan et D. Schramm, *Les Mirages de la Création*, Paris, Albin Michel, 1998.

J. Silk, *Le Big-Bang*, Paris, Odile Jacob, 1997.

TABLE

Imprimé par Lightning Source France
1 avenue Gutenberg
78310 Maurepas

N° d'édition : 7381-1292-Y

Imprimé en France
FROC031439020719
21537FR00030B/737/P

9 782738 112927